流动性经济学

货币幻觉、美元周期与资产配置

邵宇　陈达飞 ◎ 著

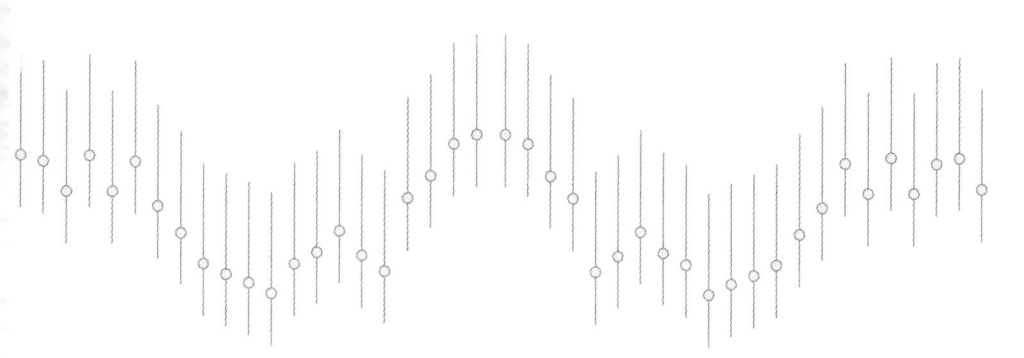

浙江大学出版社
·杭州·

图书在版编目（CIP）数据

流动性经济学：货币幻觉、美元周期与资产配置/邵宇，陈达飞著. -- 杭州：浙江大学出版社，2022.11
　　ISBN 978-7-308-22975-3

Ⅰ.①流… Ⅱ.①邵…②陈… Ⅲ.①货币政策—研究—中国 Ⅳ.①F822.0

中国版本图书馆CIP数据核字（2022）第158112号

流动性经济学：货币幻觉、美元周期与资产配置
邵　宇　陈达飞　著

策　　划	杭州蓝狮子文化创意股份有限公司
责任编辑	顾　翔
责任校对	张一弛
封面设计	邵一峰
出版发行	浙江大学出版社
	（杭州市天目山路148号　邮政编码 310007）
	（网址：http://www.zjupress.com）
排　　版	杭州真凯文化艺术有限公司
印　　刷	杭州钱江彩色印务有限公司
开　　本	880 mm × 1230 mm　1/32
印　　张	8.5
字　　数	183千
版　　次	2022年11月第1版　2022年11月第1次印刷
书　　号	ISBN 978-7-308-22975-3
定　　价	69.00元

版权所有　翻印必究　印装差错　负责调换
浙江大学出版社市场运营中心联系方式：0571-88925591；http://zjdxcbs.tmall.com

序

流动性经济学

货币或者说流动性始终是现代经济和金融世界中最复杂的现象和问题。常言道"受恋爱愚弄的人甚至还没有因钻研货币本质而受愚弄的人多",流动性已经被证实是经济分析中的重要元素,很多传统的经济学理论因此需要做出改变,尤其是宏观经济学和金融投资学。2003年,1995年诺贝尔经济学奖得主罗伯特·卢卡斯曾说:宏观经济学成功实现了它的初衷——早在几十年前,它就从实际上解决了预防经济衰退的中心问题。然后呢?然后就崩溃了,危机一波一波袭来,从私人债务到公共债务再到货币体系。世界经济每次面临崩溃,各国都试图通过释放货币流动性来解决问题,而越来越多的货币又成了下一次爆炸的火药。至于投资定价,不管是资产定价模型、套利定价模型还是多因子模型,都无法给疯狂的美国科技股、中国核心城市的房地产、比特币及各种数字货币或非同质化代币(NFT)定价,分析师和普通投资者一样对这些所知不多。

事实是,我们都被囚禁在传统经济学思想的牢笼里,辗转反侧，挣扎于弗里德里希·哈耶克、约翰·凯恩斯、米尔顿·弗里德曼圈定的思想桎梏中。无论是研究者还是决策者，都忙于为他们根据这些"迂腐学究"理论所采取的决策辩护。欧洲国家说，让经济自己复苏；中国说，"4万亿"没错；美国说：来吧，量化宽松（QE）。更令人担心的是，高等学校采用的"洗脑"教科书以及对它们的各种模仿，都力图给出一个放诸四海而皆准的推理体系、理论的美感，以及以美国等发达经济体为核心的次序感和经典感。它们不会告诉你国际经济格局的变化、整个货币体系的变迁，以及中国的出现会带来些什么。一如罗伯特·卢卡斯所说："我们知道如何很好运用的理论，现在变成了一种不让我们思考的残留物质。它们阻碍我们学习美国在20世纪30年代的经验，或是思考亚洲和拉丁美洲的金融危机及其真实后果。它们不让我们好好思索20世纪90年代的日本。用约翰·凯恩斯学说的观点来思考那些事情，可能会令我们感到失望。在理论方面，研究者正在开发一种知识积累体系，但没人知道如何用理论成功解释货币不稳定导致的实际后果。"

而这就是现代宏观经济学家和分析师尴尬的生存环境，他们的工作就是解释已经发生的宏观经济记录，评论正在发生的重要经济事件，预测未来的经济数据，并且要指导资产定价和配置。要做这些事情，他们需要一个具有内在一致性的分析框架，这个框架可以解释已经发生的经济史，也就可以预测未来的数据，但遗憾的是这个框架目前似乎并不存在（特别是2008年金融危机以后），至少在主流经济学的教科书中找不到。

实际上在某种程度上，我们都生活在货币幻觉，以及私人债务、公共债务、银行信用创造的庞氏骗局中。从历史来看，其实任何国家都从来没有真正清偿过它们的债务，实行美元信用本位制以后，各主要存续经济体的负债率就一直在上升，它们中央银行的资产负债表也在不断膨胀。除借新债还旧债以外，通常消解债务的方法就是通胀，让本代或下代居民来承担债务成本。有储备货币发行权的国家还可以向外国转嫁成本，只要再融资成本没有高过钞票印刷成本，这个游戏就可以一直玩下去。

2020年年初，中国广义货币（M2）突破了200万亿元，大家终于发现中国似乎是全球经济体中最能印刷货币的那一个。但其中有一个误解，它源自中国特殊的货币供应方式。一般而言，政府并不能随意开动印钞机，央行的货币发行必须有相应的资产做支撑，这种资产只能存在于三个渠道。其一，对应政府的债权（一般都是本国国债），这是以政府的税收征管权作为发行保障的；其二，对应金融机构的再贷款，这是以金融机构的盈利能力作为保障的；其三，外汇占款，央行在发行本币兑换等值外币的同时具有了对国外商品的要求权。因此，央行的货币发行机制本质上是资产创造货币，这与商业银行用负债创造货币的机制完全相反。

对于中国这样的储备货币非发行国而言，外汇占款无疑是其经济全球化以后流动性急速扩张的源泉。从1994年开始，中国的外汇储备出现第一次增长高峰，这一方面是由于国际收支双顺差的态势在这一年得以确立，另一方面是由于这一年实行了汇率并轨，改革之后外汇向央行集中。因此，中国一度采用强制结售汇制度，最终形成了奇特的流动性供给机制。美元一旦结售汇，就形成了所谓的双重投放。一方面，在中国，美元成为中国货币投放的基础（准确地说，是美国财政部债而不是中国国债，成为中国货币发行的基础），中国央行就相当于美联储的一个大储备区分行，货币政策多年被劫持，而中国央行能做的就是不断地对冲再对冲。2002年又是一个分水岭，在此之前外汇资产占比出现过下降态势，在此之后则呈直线上升态势。这实际上表明，中国央行在2002年之后就缺乏足够的工具进行资产内部的冲销操作了。中国央行2003年开始被动发行央票冲销，后来则不断提高存款准备金率，进行更廉价也更有效的对冲。即便如此，流动性总量仍然不断膨胀，进而刺激资产价格和投机情绪。这时，就出现了人民币的"对外升值，对内贬值"及所谓的流动性过剩现象。人民币之所以对外升值，就是热钱围城、定向投赌的结果；而对内贬值，则是被迫进行货币投放、冲销不力的结果。我们对那段时间肯定记忆犹新：2003—2007年似乎是中国制造和贸易的最甜蜜时刻，也是全球资本豪赌人民币升值的最高峰。2005年重新打开的升值窗口就如同总攻的集结号，全球套息交易产生的热钱滚滚而来，房产价格和股票价格扶摇直上。但诡异的是，另一方面，强制结汇产生的美元储备成为中国央行的资产，由国家外汇管理局负责日常管理和投资。由于中国外汇储备投资渠道狭窄，大量的美元储备被用于购买美国国债。2008年金融危机以后，市场把美联储直接购买国债的行为叫作量化宽松，从这一点看，不管美联储愿不愿意，中国央行从很早以前就一直在买入美国国债，相当于中国（还有日本、东南亚国家等）向美国不断投放美元基础货币，替美联储执行量化宽松政策。这就是美元的双重投放和循环膨胀,它在中国和美国创造出了双重信用——不同之处仅仅在于,美国人得到了廉价的信贷,可以不断挥霍消费,中国得到了更多的货币进行投资和生产,两国相互需要、相互补充,真是一个"完美"的循环。直到泡沫全球化,货币总量多到可以推动中美两国各自的地产价格和股票价格失控,形成2008年金融危机。这其实就是所谓全球失衡的真相和金融危机的根源。

要理解这个复杂的经济金融现象,需要设计多个模型结构,首先是中国和美国的实体经济和虚拟经济模型,即中国模型vs美国模型。在需求一端,我们把货币需求划分为实体经济和虚拟经济两个类别。实体经济的成长是连续的,受到成本、资源的限制;但虚拟的金融市场则是跳跃的,指导它变化的更多的是预期、情绪和各种心理因素。这里的流动性的属性更是与传统理论中货币流动性的属性大为不同,危机时这点尤其突出。这场"流动性盛宴"直接导致资产价格快速上涨和通胀目标失控,而资产价格重估(尤其是以股票、商品期货为代表的金融资产价格)又通过财富效应、预期改变,反过来增强了流动性过剩的趋势(我们生活在货币幻觉中,这种反馈机制是研究的重点)。人们常常谈论起21世纪初中国经济最甜蜜的时光——高增长、低通胀,其实它的背后就是高资产价格泡沫吸附了额外流动性及由此出现的失踪货币。

其次,更大的模型是我们的全球化3.0,即消费国、资源国和生产国三个世界模型。最终我们会明白,中国的流动性不过是全球流动性的镜像,这也是我们理解世界经济和金融市场运行规律的新范式。这才是重新解构货币、信用和金融市场以及金融深化、货币竞争和大危机的最佳方式。

因此，本书按照这样的线索展开研究。首先是全球宏观视野和资本动力学，深入讨论三个世界的全球化结构和美元霸权下的套息结构。接下来是中国宏观视野，讨论中国镜像和中国货币之谜，以及如何通过热钱和央行操作来实现连通。然后讨论中国自己的流动性生成和运行的机制，透视实体经济各个部门和虚拟经济的各种资产类别是如何受到流动性驱动的，央行、商业银行、影子银行陆续粉墨登场。预见未来，我们判断中国流动性的供给机制（从外汇占款到再贷款、以中国国债为基础的公开市场操作）和供给水平都会有重大变化发生，特别是当人民币开始双向波动时。数十年主动加被动（存在"善意"的忽视）的流动性盛宴可能就要谢幕。流动性的转折点意味着大变革时代即将来临，这涉及经济发展模式的改良、货币供应方式的调整、资本管制政策的变化、人民币国际化的布局，以及资本市场的投资理念和风格的转变。转型、脱钩和去杠杆化，将成为未来一个时期经济和市场运作的题中应有之义。我们会重点讨论人民币汇率演进的路径以及人民币国际化趋势带来的重大影响，也会重点讨论资本市场带来的金融结构的根本性变化，毕竟这可能是未来10年中国经济转型的关键所在，也是发掘新一轮可以战胜印钞机的核心资产池的关键所在。因此，本书的最后部分就是关于资产价格和大类配置投资决策的。在中国和世界的底层逻辑的深刻变化下，估值体系和核心资产也在相应地变化。只有拥抱这种变化，才能赢得未来。

目　录

第1章　全球资本流动与经济运行规律 _1
美元驱动的三个世界 _3
安全资产短缺 _18
国际资本如何收割新兴经济体？_30
广义资本流动视角下的中美关系 _33
通胀灰犀牛 _42

第2章　全球流动性和货币之锚：
拆解美联储资产负债表 _45
从诞生到独立 _47
战时债务管理政策 _56
一次完美的缩表 _67

第3章　中国一路狂奔：
从迷失货币到流动性过剩 _79

经济货币化 _85

从货币化到资本化的过渡 _89

从快速资本化到资本泡沫化 _94

高潮来临：泡沫全球化的同步升腾与跌落 _99

第4章　金融抑制与中国金融改革下半场 _107

从金融抑制到金融深化 _109

财政赤字货币化与中国金融开放 _127

金融供给侧结构性改革的逻辑与思路 _130

第5章　汇率市场化改革与人民币国际化 _133

汇率波动的原因 _135

人民币汇率70年 _138

内生的人民币汇率 _160

对人民币的猜想 _166

人民币的国际化使命 _170

数字货币有助人民币国际化 _177

第6章　流动性变局下的中国资本市场变革 _181

国内资本市场改革"背水一战" _183

经济转型的关键在资本市场 _190

科创板的使命 _193

北交所是新三板改革的"质变" _198

以对外开放激活证券市场新发展 _202

第7章　新时代下的投资逻辑和大类资产选择 _207

六个维度展望权益市场配置 _209

非常规货币政策退出与大类资产配置 _231

后疫情时代：科创、双碳与共同富裕 _235

未来中国有大量的资产配置机会 _240

附图 _245

第 1 章

全球资本流动与经济运行规律

美元驱动的三个世界

二战结束以后，得益于稳定的货币环境，欧洲一体化起步，东亚模式崛起，殖民地纷纷独立，各国都在各自的路径上打造现代性。稳定的石油价格正符合欧、美、日的利益，而实现了主权独立的殖民地也继续廉价地输出自己的资源，换取国家发展的初始资本。在全球化的进程中，"比较优势"的概念有了新的发展。由于加入国际竞争的经济体的发展水平很不一致，资源禀赋和劳动力成本的差异成了构成比较优势的最大要素。信息和技术能让企业获得更高的利润，且容易复制和传播，它们的进步使得企业有可能将制造商品的各个环节分解开，分布到全世界，从生产要素而不是成品上寻求比较优势。跨越国境的不只是商品，还包括商品的生产流程。各国选取的发展路径、美苏冷战的布局，加上比较优势的差异，使得世界在布雷顿森林体系构筑的国际货币环境下形成了第一次全球大分工的格局，消费国、生产国和资源国这三个大集团的雏形基本形成。

信用货币体系下，美国成为全球货币政策的实际制定者，全新的美元霸权模式开始驱动全球经济，整个世界都为绿纸片疯狂。美国的货币、中国和印度的劳动力、日本和西欧国家的技术、中东国家和俄罗斯的石油、全球的市场——各主体入局的时间虽然各不相同，但美国在这套模式中通过铸币权和技术开放的优势，始终居于食物链的顶端，并引领了"盎格鲁-撒克逊"经济体的狂欢。

生产国不一定是新兴经济体和发展中国家，日本和德国就是发达生产国的代表，而南美和东欧的一些新兴经济体的经常账户也常常背负着赤字。消费国的集中度则比生产国高得多，它们的领导者就是居于国际货币体系核心的美国，其他主要是引发欧债危机的南欧国家。与生产国绑在一起的资源国的经常账户也是长期顺差，且其幅度变动与生产国往往一致。资源国的出口与生产国绑在一起，既受到消费国的制约，又被拴在由美元驱动的价值链上。美元供给的每次扩展都直接导致大宗商品的国际价格上涨，这增加了生产国的成本，削减了它们的储备，并造成了输入型通胀。随后到来的美元贬值更是直接降低了生产国和资源国的实际购买力。这种国际经济中的三元结构，在美元霸权的驱动下，导致一个世界扩张的成本最终由其他两个世界承担：最被动的是资源国，最痛苦的是生产国（特别是像中国这样的大型生产国，买什么什么涨，卖什么什么跌），而消费国则凭借国际铸币权，始终位于食物链的顶端。就如同电影《少年派的奇幻漂流》中，那些明丽奇幻的画面背后隐含着阴暗的人性一样，在三个世界貌似和平、繁荣的自由贸易背后，是一条全球经济残酷剥削的食物链。

消费国：铸币者的狂欢

美国是消费国的绝对代表，其他长期保持外部赤字的国家也都与美国类似——印刷货币，累积债务，输出资本，在刀刃上寻求平衡。对外方面，美国重要的战略拼图，就是"战争出口"以及附带的"民主"价值观和美式"和平"。从冷战、朝鲜战争、越战、中东战争再到海湾战争，从阿富汗到伊拉克，美国不仅通过局部战争实现制约社会主义阵营的目的，还试图控制远离美洲大陆的石油命脉。依靠战争输出和军备竞赛，美国为全球创造了非常"积极"的财政政策，依靠印刷美元和发行国债，美国又为全球创造了"宽松"的货币环境。当需求不足时就进行星球大战般的财政刺激，当货币趋紧时就进行格林斯潘式的货币扩张，"山姆大叔"会为大家"解决"所有问题。

美国人不是天生爱消费的，但自从理查德·尼克松"善意地忽视"美元货币纪律以后，美国人就有了一张永远不会透支的信用卡，任何赤字都可以由国外"不成熟的债权人"埋单。于是美国再也无法控制自己的消费欲望，它不需要外汇储备也不需要储蓄，甚至不需要财政纪律，需要的只是一个貌似独立的美元霸权守护者——美联储。

从根本上来说，美国的赤字和债务并非源于无节制的消费，而是源于为世界提供流动性。借债最初是为了印钱。世界经济的发展需要国际货币，在美元信用本位制下，为发行货币提供担保的是美国政府而不是黄金。20世纪70年代以来，因为没有足够的商品输出和资本输出相抵对冲，美国政府必须向国外借债以保证美元的信用。国外企业通过贸易得到美元，在本国不能消费，于是通过央行再贷给美国，美国政府将这笔美元反过来用到国内。于是，美国每发行1美元，实际在世界上创造出了2美元的信用。1美元变为国外政府持有的债务，1美元返回美国消费。在这个循环里，不是消费导致债务，而是债务促进消费。这就像在银行中是贷款生成存款，而不是存款生成贷款。国际上有对美元的需要，美国政府就得印钱，这些钱通过贸易和对外投资输出，其中的一大部分又通过购买美国的债务回流。于是，美国在纸本位时代的国际经济体系内只做两件事情：一件是通过经常账户透支，对外支付美元，也就是向国际市场注入流动性；另一件是通过财政赤字衍生债务，再让部分流动性回流到国内，而这些赤字的背后往往是政府消费，对应的是美国积极的财政政策甚至是对外战争。但是，美国低估了游离在离岸市场的资金实力，更小看了投资银行金融创新的力量。

当然，为了保证这套体系的持续性，美国也不会做得太露骨。当其经常账户逆差处于不可持续状态的时候，美国可以有三种调整办法：一是劝说或迫使其他国家调整宏观政策；二是放任美元贬值；三是调整美国国内政策。对于美国政府来说，一是上策，二是中策，三是下策。历史上，美国对美元特殊地位的利用屡试不爽。1971—1973年的"尼克松冲击"让布雷顿森林体系积累的矛盾爆发出来，主要国际货币纷纷对美元贬值。1977—1978年吉米·卡特提出"发动机理论"，要求盈余国家刺激国内需求，为世界经济增长承担责任。冷战背景下出于对美国的依赖，联邦德国和日本在1978年6月的波恩七国集团（G7）峰会上不得不屈从于美国的要求，1979年第二次石油危机让这种调整以危机的方式完成了。1985年后，针对日本和联邦德国的《广场协议》和《卢浮宫协议》更是美国联合其他消费国对生产国汇率直接干预的最好例证。对自己后院的拉美国家，美国则提出"华盛顿共识"，主张新自由主义，对应的措施由美国政府及其控制的国际经济组织制定，并由它们通过各种方式实施，以确保这些组织成为美元的附庸。

生产国：痛苦的均衡

如果说消费国产生的根源是货币特权的话，生产国的产生则来自国际分工。根据国际分工和经济发展阶段的不同，贸易失衡本来就具有阶段性发展的特征：美国建国后贸易长期逆差，而后在1874—1970年中有93年顺差，1973年后又持续38年逆差；德国在第二次世界大战后已连续60多年顺差；日本从1981年以来也连续29年保持顺差。

在美元霸权进化的时期，世界各国都在一定程度上被拉入了美元驱动的全球化分工体系，这也培养了一些具有代表性的生产型经济体：联邦德国（1960—1990年）、日本（1965—1985年）和中国（1980—2010年）。这些国家在贸易输出的巅峰期，其经常账户顺差占全球之比都曾超过20%，它们的出口在全球的占比也一度达到10%。德国、日本和中国先后面临过外部失衡的问题。这些最大的顺差制造者之所以表现出新重商主义[1]特征，主要是由其基本面因素导致的全球分工决定的，如联邦德国的地缘与区域一体化背景、日本的精密制造与工艺技术、中国的资源与劳动力成本优势等，但是它们各自选择的汇率均衡策略却完全不同。联邦德国和日本这两个美国为了抑制社会主义阵营扩张而在二战后布局的工业分中心，在美元信用本位制的体系中逐步成长为区域经济的领头羊，并成为第一批生产国的代表。德国与法国一起引领了欧洲的一体化，新生的欧元也超越了马克和法郎，对美元的地位形成了挤压。日本引领的东亚模式更是在亚洲创造了一个又一个经济高速成长的奇迹。

联邦德国和日本的资本账户开放后，马克和日元提供的储备货币选择就开始对美元形成挤压。尽管西方国家内部利益冲突日益显著，但无论是欧洲国家还是日本，都既不敢也不愿与美国激化矛盾，这既有历史渊源，也有相互投资形成的资本交错导致的防卫需要。随着来自苏联的共同威胁逐步消除，美国和日本之间的利益冲突逐步上升为美国的主要矛盾之一，代表性事件就是美国强硬地通过《广场协议》逼迫日元升值。日本的出口由于日元大幅度升值而迅速下降，而日本政府为了缓和升值，采用了低利率政策，又导致了泡沫经济，地产和资本市场成为破发点，泡沫崩溃后就是经济发展长期的停滞。日本的世界市场份额迅速被"亚洲四小龙"瓜分，可以说日元的升值牺牲了日本的贸易，而

---

1. 新重商主义是指中世纪末期西欧、南欧国家从封建主义转向资本主义过渡时期的资产阶级最初的经济学说。其基本内容是：财富就是货币，货币即财富；财富的直接源泉是流通领域；一个国家必不可少的是金银等贵金属，如果它没有贵金属，就必须通过贸易来取得，对外贸易必须保持顺差。

日本的牺牲成就了东南亚经济的奇迹。为了应对长期通货紧缩，日本央行从2001年开始长期推行量化宽松政策，日本让低利率的日元成为国际金融市场的主要拆入货币，以套息交易导致的日元贬值对冲其经常账户盈余导致的升值压力。交易者借入低息日元并在外汇市场上抛售，买入其他高息货币，这种套息交易平抑了贸易顺差导致的日元升值压力，也成为日元汇率保持均衡的主要原因。但在欧美同样奉行长期低利率政策的背景下，日元不再是主要的拆出货币，大量的套息交易被解除，这与后危机时代再次出现的贸易顺差一起，抬升了日元汇率。对日本走出目前高收入陷阱至关重要的经济增长，却在很大程度上依赖出口扩张，在金融危机导致经济下滑后，日本对出口复苏更加重视，当日元事与愿违地不停升值、冲击新高时，受过《广场协议》伤害的日本无法坐视不理，当局甚至一度对汇市进行直接干预。但日元已经积重难返，过去这种长期的非正规均衡手段的反馈，让日元汇率不断冲击新高，日本政坛的波动也导致政府无法拿出长期有效的策略，应对这种致命的反转。

德国的汇率均衡策略更特殊。欧元诞生以来，德国用欧元区对外贸易的整体平衡来掩盖自己长期的贸易盈余。准确地说是南欧国家的贸易逆差被中北欧贸易强国的顺差抵消，这使得德国可以长期保持欧元区内外最大顺差制造者的地位，而欧元却不会有升值压力。欧元像是生产型货币与消费型货币的矛盾混合体——北部生产，南部消费。德国在建区之初的扩张欲望，让欧元区混入了不符合统一货币条件的国家，如希腊和葡萄牙，从而引发了欧元的危机。而德国有意拖延了最后出手时刻——弱而不倒的欧元和乖乖听话的邻居，最符合德国的胃口。

德国和日本的汇率均衡策略在2008年全球危机后相继崩溃，作为新兴贸易大国的中国虽然坚持了下来，但不得不接受人民币长期缓慢升值的现实。与欧元和日元不同的是，人民币最大的特点是其具有有限可兑换性，并且有明显的生产型货币特征：货币扩张以实体经济增长为基础，有强大的产能和外汇储备支持，并且还有健康的对外资产负债表和潜在的庞大市场。面对长期贸易顺差下人民币的升值压力，中国坚持主动性、可控性和渐进性的原则，人民币汇率的均衡更多地体现为控制下的均衡。尽管对美元信用本位，日本不相信，欧洲国家不相信，中国也不相信，且都施展了自己的腾挪绝活，但在2008年的危机中都被为了自身利益的美国顶到了墙角。

当一个不受美国控制的超大型生产国不能发行国际货币的时候，美国真正的麻烦开始。我们有必要认真地分析一下中国引领的亚洲崛起在美元霸权模式中的作用：美国的"双赤字"，中国的"双顺差"，国际市场上剩余资本的积累，在这些矛盾发展的过程中，中国的因素一直都在。进入21世纪，中国引领亚洲再次发展后，这些矛盾加速激化。中国的出现多少有些偶然，开始于1978年的改革开放是中国融入全球分工体系的最初尝试。尽管中国相对而言是一个后来者，但其因生产要素优势巨大，被迅速纳入国际分工体系。国际直接投资（FDI）进入中国，发达经济体的部分实体产业逐渐向中国转移。这之后，中国既为其提供消费品，又为其提供销售市场和投资利润。中国也在代工的微薄利润中开始了和平的原始积累：从原始设备制造商（OEM）到原始设计制造商（ODM）再到代工厂经营自有品牌（OBM）的过程很顺利。在积累初期，加工贸易和转口贸易的附加值都很低，中国贸易走的是绝对优势路线。经过10～15年的代工学习，中国的民族产业先后"毕业"，开始进口替代、模仿生产再出口替代，并最终有了自己的品牌，在有些领域还有了自主创新能力。同国外产品全面展开竞争时，中国制造一度全胜。其实，亚太出口导向策略战胜拉美进口替代策略，就是顺应了美式全球化潮流，一时需求巨大所致，然后才是发挥比较优势和开始模仿学习。

中国的改革开放最初让美国充满了狐疑，也让亚洲其他经济体措手不及。20世纪80年代初期的国际分工仍然是传统二元经济的国际化，亚洲的新兴经济体相当于劳动力无限供应的传统部门，在中低端产品市场进行激烈竞争。中国入局后，这种竞争进入白热化阶段。与东南亚其他同样处于原始积累阶段的发展中国家一样，出口产品的相互替代性很高。在这个区间内，亚洲经济体面对的是一条弹性很低的需求曲线，而拥有丰富生产要素的中国入局后，几乎将新兴亚洲的出口供给拉伸为一条弹性无限的直线。这种教科书式的市场结构将依赖出口的亚洲经济体逼入了"囚徒困境"：谁贬值，谁就能扩大市场份额，除非有实力的国家能够用其货币作为区域的"货币锚"，否则"竞争性贬值"将是必然结果。

事实就是如此，东亚在整个20世纪都没有出现任何核心货币。亚洲的新兴和发展中经济体陷入了两难的选择，要么钉住汇率，忍受竞争力下降的痛苦，要么紧跟人民币对美元贬值，忍受福利损失。无论怎样，处于产业升级阶段的欧美国家都成为最大的受益者。钉住则失去国际市场份额，导致增长放缓，本币高估；贬值虽然可以增加出口数量，却导致获汇金额下降，国内价格水平上行。亚洲的"出口锦标赛"是以新兴亚洲经济体的福利损失和对发达国家产业替代加快为结果的。这个阶段实际上是新兴的亚洲经济体在国际市场上的第一次角力，最后毫无悬念地，以1994年年初人民币汇率并轨为标志，中国取得了阶段性胜利。之前选择竞争性贬值的菲律宾、印度和印度尼西亚等国，纷纷转为固定汇率制；像泰国和马来西亚这样一直选择固定汇率的经济体，则由于本币高估最严重，成为其后亚洲金融危机中投机资本攻击的靶子。

可以说，中国对国际原始资本的渴求导致了一种奇特的积累方式的诞生。这种方式以中国独一无二的生产要素优势为支撑，在中低端产品市场上击败了亚洲其他发展中经济体，逼迫其改变竞争战略和发展路径，从而从根本上重构了亚洲的竞争格局。其后东南亚国家的选择最糟糕，它们盲目自信地过早开放了资本账户，低利率的日元更为国际炒家提供了廉价的弹药。国际过剩资本在对冲基金的带领下变成投机资金，引发了长达两年的亚洲金融危机。危机中，东南亚和东亚经济体被一个个收割，直到国际游资在围攻中国香港和俄罗斯时相继碰壁。中国通过积极的财政政策刺激经济，以改革开放以来积蓄的国际竞争力和储备资本为基础，在人民币不贬值的承诺下，挺过了这场危机，成为亚洲制造的火车头。

危机后的10年中，东亚各经济体通过产业分工和阶梯式的产业升级，成为一个真正的工厂，并为欧美提供了大量的产品。各经济体都在分工合作中逐渐找到了自己的定位。陷入泥潭的日本仍然保持技术优势，民众为了养老金而努力工作；它和韩国一样，将更多的产业转入中国和东南亚国家，自己掌握品牌优势，专攻技术和中高端制造。韩国将自己未来的增长希望寄托于内部结构调整和来自亚洲的需求增长。中国香港和新加坡则依靠整个大中华地区，发挥其金融和生产型服务业的优势。中国台湾在努力提高劳动生产率的同时，积极推动产业向服务业转型，因为从长远来看，台湾与大陆的经济整合将是不可阻挡的趋势。东南亚作为受伤最深的区域，为了修复资产负债表，开始走出口驱动的老路，并越来越重视区域内的产业整合。以越南为代表的其他小规模经济体或作为原料供应地，或在初级制造上积极对其他亚洲经济体进行产能替代，开始了艰辛的原始积累。亚洲的区域内和区域外贸易都开始繁荣起来，整个亚洲经济从危机前的无序竞争，转入了一个各攻所长的稳定发展时期。

资源国：美元的"殖民地"

资源国的命运则更曲折，它们与国际流动性的关联更直接。1973年的石油危机结束了资本主义的"黄金时代"，美国通过战争让美元对石油标价以后，又以各种手段将主要的资源国变成了美元的"殖民地"，就连美国当初的劲敌俄罗斯也不能幸免。大部分国际大宗商品以美元标价和结算，它们的交易市场也变成国际过剩资本投机的乐园，并加剧了实体经济的动荡。

本质上，资源国的产生来自两个方面：一是自然资源禀赋；

二是对外部其他资源的渴求，也就是输出的欲望。除了石油，国际主要大宗商品的储量分布还是与地理面积和区位相关的，发达经济体集中的北美和欧洲有不少资源，它们对外部资源的需求有限；而涵盖全球大部分地理区域的新兴、发展中甚至欠发达经济体，不仅占有全球大部分资源，还有很强的与外部交换资源的渴求。消费国、生产国和资源国这个三元框架搭建起来以后，在美元信用本位制下，需要的只是通过更多的美元或其他国际货币运转起来而已。

自然资源是有限的，各国对资源的争夺一直没有停歇过。美国在二战后最成功的布局除了布雷顿森林体系，就是让美元获得了对石油的标价权。资源国则根据国际供需，在产量和价格的博弈中寻求长期利益最大化的平衡点。南美的资源国如巴西和委内瑞拉等，更多地处于美元的直接辐射下，它们和加拿大一样，为美国提供了大量原材料，同时不忘记在需求旺盛的时候敲生产国一笔竹杠；澳大利亚虽然更依赖东亚的增长，但与拉美国家本质上没有什么差别。资源禀赋的先天优势赋予了它们在全球分工中的议价权，它们在一定程度上可以决定自己资源的价格，但是不能决定这些资源的标价货币。生产国难堪重负，只有一边积累一边寻找转型的机会或者替代来源。中国将目标定在中亚和非洲，希望能在欧美国家更大规模插手之前取得先机。

在这个过程中，只要这些原材料以国际货币——或者说大部分以美元——标价和结算，那么无论资源的购买者是谁，最终都会导致国际货币数量增加。无论是通过进口、消费还是国内投资，资源国的实体经济往往难以吸收如此多的国际流动性，这些资金如果回流到国外的实体经济还好，因为这样毕竟是沉淀下来了，但实际上，资源国积累的大量国际资金最后以游资的形式活跃于国际金融市场中，其中的石油美元就是典型。

在全球分工体系中，没有其他经济体像石油输出国这样将资源国的代表性特征表现得淋漓尽致，也没有任何一个资源输出集团像石油输出国组织（OPEC）一样深刻地影响着下游经济体，更没有任何一个区域像中东一样被美元"殖民"得如此严重。

由于石油在工业经济和现代化中不可替代的重要性，中东和北非一直是强国争夺的势力范围，在美国的势力触及这里之前，英国曾经控制了中东和北非较长的时间。二战结束后，在美元的布局中，"马歇尔计划"与"杜鲁门主义"是捆绑在一起的，为了遏制苏联的扩张，美国填补了二战后筋疲力尽的英国在东地中海留下的空白。美国在1947—1950年支持了希腊和土耳其，以防止中东受到社会主义运动的影响；另外，美国还饶有心计地帮助犹太以色列复国，以控制中东的石油命脉。几次中东战争对美国来说除了配合军备竞赛，就是实现了美元对石油的标价。其后从海湾战争到伊拉克战争，美国对这个全球大油库的控制从来没有放松过。

深受美国这套模式伤害的中东国家都很厌恶美国，但又不得不接受这个事实。它们宝贵的资源从地下挖出来后换来的是美元，而为了保证自己的安全，它们又不得不从美国进口武器，在防务方面依赖美国。它们是美元的"殖民地"，又是美式"和平"最大的进口者。在中东的几个主要产油国中，沙特阿拉伯很自觉地迎合了美国的模式；而科威特和伊拉克则深受战争所害；

伊朗一直没有屈服，不仅打算走出自己的道路，还打算以欧元标价石油，摆脱美国的影响。

石油输出国虽然囤积了大量的财富，但实体经济依然存在严重问题，一个正常经济体的产业结构被部分挖空了：出口的石油换来的外汇，被直接用于进口商品和服务，以支撑奢侈的消费。国内的基础建设走向极端：要么如迪拜一样在沙漠上建起海市蜃楼；要么如伊拉克，因为炮火的摧残，实体经济几乎无法启动。

石油在现代经济中的重要地位决定了其长期需求是由商品属性决定的，中东唯一可以做的事情就是将全球主要的石油输出国联合起来，建立OPEC，以控制产量的方式来施加垄断卖家的影响。就目前的石油流向来看，虽然欧美国家是主要的进口者，但受OPEC产量控制影响最大的，无疑还是亚洲这个生产国密集的区域。中东没有什么制造业，自己的科技更少。当地虽然富裕，但是除了奢侈的消费，资本无处可去。每次石油价格的飙升都为OPEC国家带来大量外汇，但这些资金最终不得不再次游弋在海外，这制造了一种非常特殊的流动性——石油美元。石油美元无论是对石油输入国还是输出国，甚至对整个世界经济都有很大的影响。对石油输出国家来说，由于石油美元收入庞大，而其国内投资市场狭小，不能完全吸纳这么多美元，因此必须以资本输出的方式在国外运用。石油美元在性质上大多是国际短期资金，可能在国际上大量而迅速地移动，从而对各国的金融市场甚至实体经济造成冲击，特别是对金融体系尚未完善或者相对封闭的新兴和发展中国家。每个国际油价快速上涨的时期，石油美元都要兴风作浪一番，因此世界各国都密切关注着石油美元的变动。

即使欧美的消费"绑架"了生产国，美元"殖民"了资源国，但在美元信用本位时代之初，大家都是受益者，资源和市场在世界范围内的优化配置拓展了生产可能性边界，提高了全球整体的福利水平。第一次资本主义世界的国际分工打造了联邦德国和日本两个工业中心，为欧洲一体化和东亚崛起埋下了种子，并最终造就了三大经济区域——北美、东亚和欧洲。但是进入21世纪后，这套缺乏自我调节功能的国际货币体系还是走到了极端，资本的理想、德日的策略、机构的欲望、被流动性反复冲击的金融市场和实体经济，最终淹没在美元的汪洋大海中。

安全资产短缺

安全资产短缺是理解20多年来全球宏观经济各种病症的重要视角，它被认为是导致2008年金融危机以及后危机时期西方国家普遍遇到的低利率或负利率难题和经济增长停滞的重要原因之一，也是思考美元在当前国际货币体系中面临的新"特里芬难题"和人民币国际化问题的重要抓手。将美元放在安全资产这个更广泛的范畴内部，厘清美元与其他安全资产之间的互补和替代关系，将美国视为全球体系中最重要的安全资产的供给者，会为理解当下的许多经济问题提供一个框架。

何谓安全资产？

在经济学中，稀缺或短缺往往被认为是价值存在的一种状态。它是一个相对概念，往往是被创造出来的，并非天生。创造稀缺最便利的工具就是货币，货币多了，物品变得更加稀缺，价格就会上涨。货币功能的发挥，需要货币在供给上有一定的弹性，以满足交易的需求。矛盾之处在于，货币的价值依托于其自身的稀缺性，货币创造过多，稀缺就会变为过剩，货币的功能将难以发挥。

稀缺是公共品的一个重要属性。美元是二战后美国向世界提供的最重要的公共品，从更广泛的意义上讲，美国在全球体系中的一个重要职能是提供安全资产，美元只是其中之一。

所谓安全资产，指的是对信息不敏感（information insensitive）的资产，即不存在信息不对称问题，或者说，债务人的支付承诺完全可信，资产持有人不需要收集额外的关于发行人的一切信息。安全资产最重要的功能是价值储藏。同时随着金融机构负债业务从零售模式向批发模式转型，安全资产的抵押品属性价值凸显，因为这提供了一种便利性收益（convenience yield）。

从全球来看，美国是最重要的安全资产供给者，美元、美国国债、政府支持的机构证券、金融机构债务、抵押支持债券或者抵押贷款证券化（MBS）和资产支持证券（ABS）都被视为安全资产。另外，德国、法国和英国等发达国家的国债也可被视为安全资产。当然，安全资产并非绝对概念，T时刻的安全资产，并不意味着在T+1时刻还是安全资产。所以，安全资产是个相对概念，会随时空变化而发生变化，比如：在2008年金融危机之前，私人发行的ABS被认为是安全资产；2010年欧债危机之前，希腊和意大利的国债也被视为安全资产。

从经济学原理说，市场对于有正外部性的公共品的供给会出现不足，这被认为是市场失灵的一个表现。安全资产也不例外。美元和其他美元资产在整体上处于短缺状态，尤其是2008年金融危机之后，这可以从其他货币与美元互换的基差以及美国无风险利率的走势中看出。从结构上看，至少是21世纪以来，在安全资产内部，出现了过多的美元追逐过少的美债和MBS的情况。这种整体性短缺和结构性过剩的状态，是理解美元汇率走势、美国无风险收益率下行和MBS利差持续低迷的关键。

一定程度上，核心国家的意愿和能力，决定了全球化的进程。而当前有决定权的无疑是美国，因为二战后的全球化是建立在美元作为公共品，以及美国作为美元的垄断提供者和全球体系的设计者、维护者的基础之上的。美国在享受美元"嚣张的特权"的同时，也承担着维护体系运行之责任和成本。在某种意义上，这也是一种义务，因为它曾是这个体系的最大既得利益者，这为美国充当"世界警察"提供了合理性。当权利与责任、收益与成本不对等时，全球秩序便进入非稳态。当美国感觉其从该体系中获得的收益小于其付出的成本，或者当其感觉搭便车者获得了非对称性收益，尤其是搭便车者还挑战了其规则制定权时，美国便不再有动力去维护该体系，甚至会主动破坏自己建立的秩序。

安全资产何以安全？

归根到底，资产的安全性是一种主观认知，类似于货币的信用。

理论上说，绝对意义上的安全资产指在任何状态下提供的真实收益率都相等，可以被视为一系列阿罗-德布鲁证券的投资组合。每一个阿罗-德布鲁证券在跨时间的特定状态空间中提供相同的收益，在其他状态空间的收益为零。假如没有金融摩擦，即未来的状态空间是完全可知的，投资者就可以构建一个投资组合，包含针对所有状态空间的阿罗-德布鲁证券，这个组合就是绝对安全的。一言以蔽之，安全资产是一种简单的债务工具，可以在不利的系统性事件中保持其价值。

在现实世界中，只有相对意义上的安全资产，即使是标准普尔AAA级主权债券也存在一定的违约风险。当然，也没有永恒的安全资产，不同的投资者对安全的认知也不尽相同，如养老基金和保险公司对流动性的要求并不高，并认为长期资产更安全。

国际货币基金组织（IMF）在2012年的报告中指出，安全资产需满足以下五个条件：（1）信用和市场风险低；（2）市场流动性高；（3）通货膨胀风险有限；（4）汇率风险低；（5）异质风险（idiosyncratic risk）有限。符合这五个条件的资产类别主要包括：以美元为代表的主要国际货币；银行存款；经济合作与发展组织（OECD）国家AAA/AA级的政府证券；政府支持企业（GSE）债券；货币市场工具（逆回购等）；抵押贷款等ABS；高等级公司债券，以金融债为主；黄金；超国家实体债券。G7国家的政府和金融机构是安全资产的供给者，美国在其中占绝对主导地位。日本虽然也发行了大量国债，但这些国债主要由国内机构（包括日本央行）持有，所以一般将日本排除在外。

宏观经济的基本面和财政收支状况是决定国债安全性的重要维度。这既是相对一个国家的不同历史时期来说的，也是相对其他国家同一时期的情况来说的。一方面，就某一国家来说，如果当前的通货膨胀率更高，货币贬值风险更大，那国债的安全性就会降低；另一方面，在全球范围内，如果该国的经济基本面是最好的，其国债的安全性可能会提高。一般而言，人均GDP高、金融市场规模大、政府债务杠杆低、财政收支和贸易收支平衡（或盈余）、劳动力年龄结构年轻、政治风险低的国家，国债就安全。

特征事实及影响

第一个特征事实：2000年以来，无风险收益率下行与风险溢价上行，这是安全资产短缺的结构性特征。

图1-1对美国的资产收益率（无风险收益+风险溢价）进行了分解：上图为股票预期收益率、（短期）无风险收益率（一年期美国国债收益率）和股票风险溢价；下图为无风险收益率。根据无风险收益和风险溢价的走势，我们可以将1980年以来划分为三个阶段。

第一阶段是1980—1999年，股票预期收益率和无风险收益率同步波动下降，前者下降的幅度大于后者，导致风险溢价也同步下降；在第一阶段，利率下降是由影响所有资产的一般供求因素驱动的。

第二阶段是2000—2008年，本阶段前3/4的时间里，股票预期收益率持续上升，但无风险回报率却先降后升；2006年开始，两者同步下降。第二阶段也是风险溢价上行的第一个阶段，主要出现在2000年互联网泡沫之后的三年内。

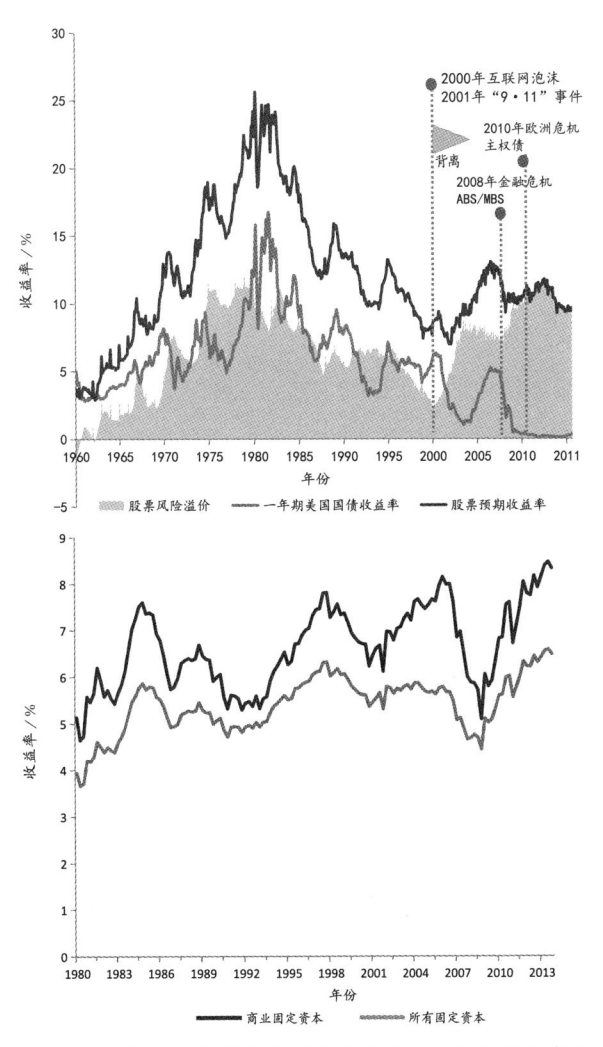

图 1-1 21 世纪以来美国股票预期收益率与无风险收益率的背离

注：商业固定资本包括非住宅固定资产（结构、设备和知识产权）和存货。所有固定资本包括商业固定资本和住宅资本。

数据来源：Gomme Ravikumar Rupert（2011），Caballero Farhi Gourinchas（2017），东方证券。

第三阶段从2009年持续至今，股票预期收益率基本稳定，无风险收益率持续下行，触及零下界，风险溢价上升到历史高位，但风险成分与20世纪70年代明显不同，20世纪70年代主要为通胀风险。

第二阶段和第三阶段无风险利率的下降，在很大程度上是由影响安全资产的特定供求因素推动的，但这两个阶段又存在明显的差异。

第二阶段对应的是不断加剧的双重储蓄过剩——本·伯南克意义上的"全球储蓄过剩"和阿蒂夫·米恩等人意义上的"富人的储蓄过剩"。前者主要出现在1997年亚洲金融危机之后，而后者则始于20世纪80年代末，两者都在2008年前后达到峰值。

第三阶段即后危机时代，安全资产短缺加剧，但全球和美国内部的失衡状况已经开始调整。全球方面，全球外汇储备规模和外国投资者持有的美国国债占比均在2014年出现峰值；发达国家的贸易逆差和新兴与发展中国家的贸易顺差整体上均在收缩；中国的贸易盈余和美国的贸易赤字（占GDP的比重）也在压缩。美国国内方面，储蓄率已经回升到20世纪80年代的水平，低收入组的收支缺口也有所收窄。所以，导致本阶段安全资产短缺加剧的原因在其他方面，如金融危机和欧洲危机导致安全资产供给的减少，《巴塞尔协议Ⅲ》又增加了银行对安全资产的需求等。

第二个特征事实：长期无风险利率和期限溢价持续下行，抵押贷款和MBS/ABS等衍生品风险溢价低迷。

在反思2008年金融危机时，美联储前主席本·伯南克将"全球储蓄过剩"和安全资产短缺结合起来。在论证时，他提到了两个谜题。第一，由长期国债代表的长期无风险收益率持续下降，长期利率振幅显著小于短期利率，在2000年和2007年前后，利率出现倒挂（图1-2）。与此一致的是，如果对实际利率进行分解，就会发现期限溢价从20世纪80年代以来持续下行，金融危机之后，频繁出现负值。这就是"格林斯潘难题"，说明2008年金融危机前后，长期国债处于短缺状态。而且，后危机时代的情况更严峻。

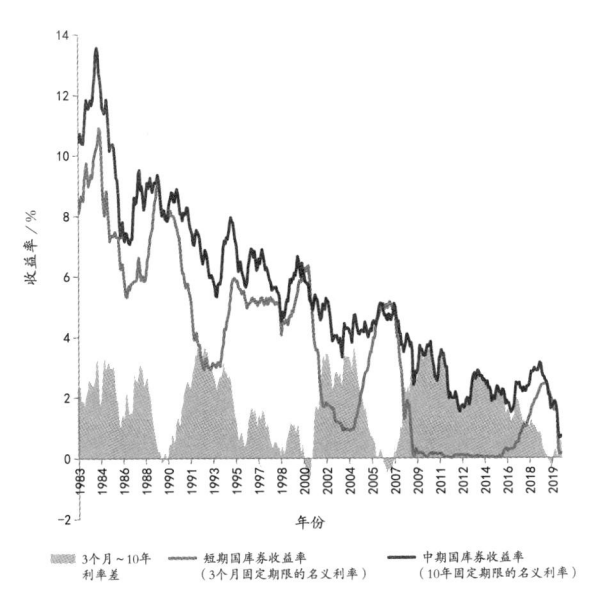

图 1-2 受到压抑的长期利率：期限下坠、倒挂

数据来源：香港环亚经济数据有限公司（CEIC），Kim Walsh Wei（2019），东方证券。

第二，（30年期）抵押贷款固定利率持续下降，其与（10年期国债）无风险收益率的利差长期保持低位（图1-3），且这种特征是与抵押贷款和MBS发行量不断膨胀同时出现的。按常理，抵押贷款需求膨胀，利率应该上行。

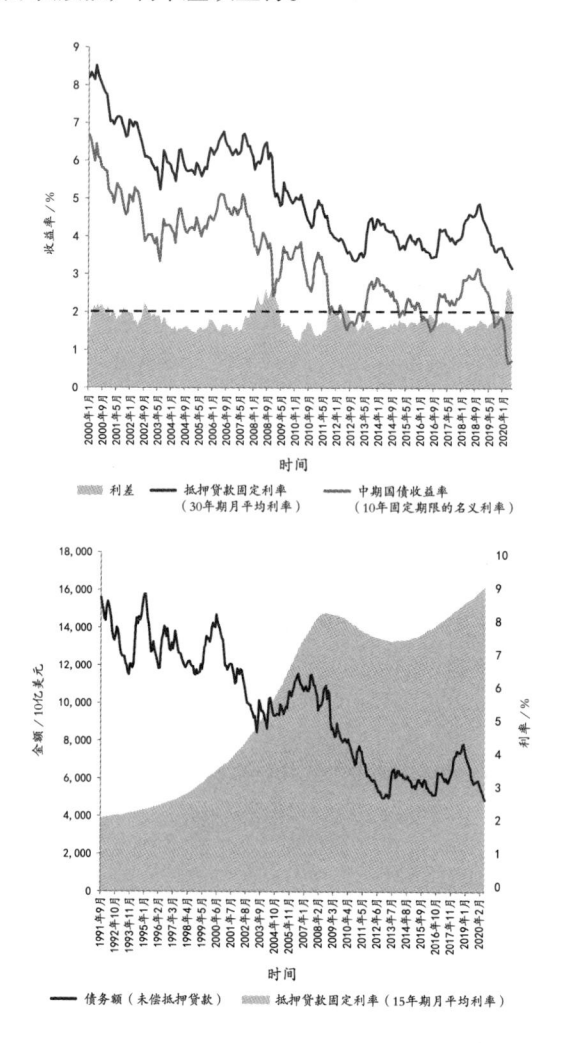

图1-3 抵押贷款利率、利差与未偿抵押贷款数量

数据来源：CEIC，东方证券。

无风险收益率不断下行和持续低迷反映出的结构性问题，就是安全资产的供给小于需求，而且危机之后，这种情况不仅没有好转，供给缺口还在扩大。

本·伯南克的解释是，亚洲金融危机之后，石油等大宗商品价格上涨使OPEC的贸易盈余和外汇储备增加。在出口导向型政策的指引下，东亚经济体也积累了大量贸易顺差和外汇储备，尤其是中国。由于投资率均低于储蓄率，金融市场发展相对滞后，大量剩余资金在全球范围内寻找流动性高和安全性高的投资标的，即所谓的安全资产，而金融市场高度发达的美国无疑是安全资产最重要的供给者。2003—2007年，在这些国家持有的美国证券中，AAA级债券占比76.2%，主要是美国国债和GSE债券，明显高于它们在美国未清偿证券中的份额（36%）和美国居民持有的份额（35.8%）。中国明显超配，比例约80%。

不仅如此，欧洲资金也大量流入美国，但其投资的范围更广泛，除了AAA级的国债、GSE债券和私人MBS/ABS，还会购买权益和投资级公司债，且更多地投资后者。这使得欧洲的投资组合风险和收益都高于亚洲新兴市场国家的投资组合，原因在于两者的资金来源和组合偏好不一样。欧洲主要是市场机构的投资，资金来源于外部融资，目标是利用息差进行套利；而亚洲国家的资金来自官方储备，首要目的是保值。不同的组合偏好，可以解释为什么除了国债和GSE债券，风险较高的公司债的收益也是同步下降的。

安全资产价格昂贵和供给短缺的情形自然生成了私人机构创造安全资产以满足市场需求的动机，导致抵押贷款规模不断膨胀，借贷人质量不断下降，以及私人发行的MBS/ABS等金融衍生品出现了"大爆炸"。危机爆发前，从次级抵押贷款中分离出来的高层次MBS的评级都是AAA级，故而被市场视为安全资产，事后看，市场对风险的定价出错了。

加里·戈顿考察了二战后美国国家总资产、金融资产和安全资产的规模和结构。他将政府和金融债视为安全资产的主体，发现虽然绝对规模随着经济的扩张而增长，但其占总资产的比重一直在30%~35%窄幅波动。20世纪80年代以来，资产的膨胀主要是靠金融部门加杠杆实现的。在金融部门安全资产内部，从20世纪80年代至2000年，银行存款占比以较快的速度下降，峰值时达到了80%，而后一直降到21世纪初的30%以下。与此同时，货币市场工具——商业票据、净回购协议、联邦基金、货币市场共同基金、银行间负债、经纪人-交易商应付账款与证券信贷——的比例快速提高，这与银行的业务模式从零售业务向批发业务转变有关；比例显著提高的还有MBS/ABS负债，这与影子银行的崛起有关。

从2001年开始，次级抵押贷款证券化比例开始超过50%，2004年明显加速，到2006年增加到了80%以上。同样也是从2004年开始，在新增住房抵押贷款中，次级抵押贷款的份额快速增加，当年增加了10百分点，到2005年超过20%（表1-1）。但国债和GSE债券这些较高级别的安全资产的供给却相对比较平缓，市场上的安全资产的结构渐进地出现了变化。早在2005—2006年，也就是抵押贷款质量快速恶化的同时，作为底层资产的房地产价格开始出现向下的拐点，住房贷款违约情况开始增加，导致贝尔斯登公司、房利美、房地美、美国国际集团及大量的储贷协会开始出现流动性危机，纷纷申请政府救助，直到2008年9月雷曼兄弟公司破产，引发全球金融海啸。

表1-1 抵押贷款的发放和次级抵押贷款证券化

年份	新增抵押贷款／10亿美元	新增次级抵押贷款／10亿美元	次级抵押贷款占比／%	次级抵押贷款证券化／10亿美元	次级抵押贷款证券化比例／%
2001	2,215	190	8.60	95	50.40
2002	2,885	231	8.00	121	52.70
2003	3,945	335	8.50	202	60.50
2004	2,920	540	18.50	401	74.30
2005	3,120	625	20.00	507	81.20
2006	2,980	600	20.10	483	80.50

数据来源：《抵押金融内参》（*Inside Mortgage Finance*）2007年度抵押贷款市场统计关键数据，美国国会联合经济委员会，东方证券。

事后来看，美国金融部门的野蛮生长，是金融去管制化的过程中和全球对安全资产的需求得不到满足的环境中的一个自然过程。但即使如此，安全资产仍然处于短缺状态。

国际资本如何收割新兴经济体？

土耳其里拉崩溃，打开了人们对"美元收割机"的想象空间。

事情还得从2016年10月说起。美籍牧师安德鲁·布伦森在土耳其传教，被土耳其官方指控为从事恐怖活动的间谍，被土耳其关押。美国与土耳其多次交涉，但土耳其均坚持自己的立场，美方对此颇有芥蒂。2018年8月10日，时任美国总统唐纳德·特朗普表示，要将对土耳其的关税从原来的10%和25%提高到20%和50%，本就疲软的里拉应声下跌，最低跌到1美元兑6.89里拉的水平，2018年8月1—14日，土耳其里拉半个月间跌幅达40%。这是自阿根廷比索危机之后的又一起货币崩溃事件。一方面，欧洲其他国家也持有土耳其资产，因此欧元也被拖累；而另一方面，美元指数则在8月15日站上了96.7的高位。

长期以来，由于不同区域、类别资产收益率之间存在差别，过剩的全球资本四处游荡，以寻求超额收益。近几十年来，最为流行的一种交易就是广义套息交易（carry trade），主要是基于新兴经济体和发达经济体不同的经济增速和资金价格，一般的操作是从资金价格便宜的发达经济体借入货币，包括日元、欧元和美元，将其换成经济增长速度更快、资产回报率更高的新兴经济体货币和资产，例如地产、股票和各种直接投资。由于新兴经济体过去经历过高速增长，通常它们的货币也会有相应的升值，并且由于更多的海外投资涌入，这种升值的趋势还可能会在某些时刻自我加强，因此投机资本可以在利率差和汇率差上同时获得一定的收益。为了提升利润，这些资本通常会进行高杠杆操作，这种操作同融资炒股及房地产抵押贷款没什么不同。

这种操作的风险是当发达经济体与新兴经济体之间的息差收敛时，或是新兴市场货币开始贬值时，利润就会减少甚至损失，这在美联储升息及美元相对走强时就会发生。由于这类交易都带有巨大的杠杆，所以一旦趋势反转，大量资金就会去杠杆，解除新兴市场高风险资产上的头寸甚至开始做空，从而引发资产价格和汇率的崩溃，再带动中长期资本出走，从而形成大规模金融危机。在20世纪80年代拉丁美洲金融危机、1997年东南亚和俄罗斯金融危机中都能够找到类似模式。

土耳其里拉崩溃有其内在原因，比如长期依靠外债、经常账户长期赤字等。里拉事件的关键在于，它对欧元的影响究竟有多大。

土耳其是欧盟一个重要的外围合作伙伴，如果欧洲的金融机构，特别是德国的银行在土耳其有大量风险敞口的话，金融损失可能是比较大的，就有可能把欧元拉倒。

汇率是一个相对强弱指标，由于美元指数中65%是跟欧元挂钩的，因此欧元一旦走弱，美元就会走强。反之，当美元指数被压下去，从接近100被压回到90时，整个新兴市场包括人民币也就松了一口气。

总体而言，在全球视野下，美元的强和弱会驱使资本全球流动。美元强，新兴市场的资金就会抽逃。中国2015年8月11日汇改以后外汇储备水平的下降，一定程度上可能就是由套利资本逃出所引致的。

广义资本流动视角下的中美关系

对二战后的全球化进程应分两个阶段理解，以20世纪70年代为分野，此前为"金汇兑本位制+可调整钉住汇率+贸易自由化+资本管制"，此后为"美元信用本位制+浮动汇率+贸易自由化+资本自由流动"。20世纪70年代是滞胀期，也是新全球化体系孕育期。两个阶段最大的不同就在于资本流动，中国改革开放正是顺势而为。

1978年中国决定改革开放时，世界经济和金融秩序正处于大转型时期。1973年第一次石油危机中断了二战后全球经济增长的"黄金时代"。20世纪70年代的滞胀催生了一系列自由化改革和金融创新。布雷顿森林体系于1973年彻底瓦解，以美元为中心的纯信用货币体系逐步确立。在布雷顿森林体系时期，黄金仍然发挥着货币的锚的作用。为了贸易的有序开展，美联储有义务维持美元—黄金平价，其他货币钉住美元保持窄幅波动，从而形成了一种双层嵌套的国际货币体系和可调整钉住汇率制度。为了维护汇率稳定，资本账户处于高度管制状态。

20世纪70年代中后期开始，以美国为先导，以"Q条例"[1]的逐步解除为体现，金融自由化在西方国家内部和国际层面全面推进，由跨国公司驱动的直接投资编织了全球产业链网络。中国的改革开放首先就是从转变对外资的态度开始的。邓小平率先提出：中国有强大的公有制基础，吸收几百亿元、上千亿元外资不会影响我国的社会主义经济性质。人们开始摒弃"一无内债、二无外债"的落后观念。在改革开放的同一年，中国决定接受FDI。1979年出台的《中华人民共和国中外合资经营企业法》首次为外资企业在华经营提供了法律依据。20世纪90年代初，中国确立了中国特色社会主义市场经济的改革任务，FDI限制条件大幅放宽，外资进入中国的步伐明显加快。

时至今日，外资仍是连接国内国际双循环的重要纽带。贸易方面，出口加工业占贸易总额的比重在20世纪90年代就超过了50%，外商投资企业所占贸易份额在21世纪初一度接近60%。截至2019年年底，在工业企业中，境外投资企业在资产规模、营业收入、利润份额和就业岗位等方面占比20%~25%，在信息与通信技术（ICT）、汽车等行业占比超50%。综合考虑直接效应、间接效应和诱致效应，改革开放40多年来，外商投资企业贡献了约国内增加值的1/3和就业的1/4。从20世纪80年代末算起，中国仅用二三十年的时间就建成了"世界工厂"。外资企业带来了先进的技术和管理经验，培养了人才。中国制造业的快速崛起、世界最大贸易国和价值链中心地位的奠定，都与FDI有直接关系。

---

1. Q条例，即美联储按字母顺序排列的一系列金融条例中的第Q项规定，即美联储禁止会员银行向活期储户支付利息，同时规定定期存款支付利息的最高限额的条例。

然而2008年金融危机之后，全球跨境直接投资规模锐减，商品与服务贸易规模（占GDP的比重）不断下行。这是去全球化的真实写照，短期内趋势难以扭转。唐纳德·特朗普任期内，中美关系在经贸、金融、科技和文化等领域均面临考验。约瑟夫·拜登当选并不会改变美国对中国的战略定位。虽然拜登及其幕僚不赞成特朗普政府"一刀切"式地与中国全面脱钩，也表达了与中国在环保、反恐等方面合作的意向，但其与其他国家"合纵连横"向中国施压的方案，显然比特朗普的双边主义更考验中国。笔者分别从直接投资和风险投资两个维度分析中美关系。宏观研究对前者着墨较多，因为它关系到成熟技术的溢出，与中国制造中的传统行业有关。后者则关系到新兴技术，与新经济有关。20世纪末开始发展壮大互联网企业的资本，主要来源于国外的风险投资，直到近5年，国内风投才逐渐占据上风。

直接投资方面，从1990年至2020年上半年，中国对美国的直接投资总额累计1547亿美元。2010年之前基本位于10亿美元以下（2005年除外，2005年联想以17.5亿美元收购IBM个人电脑部门），此后开始提速，峰值出现在2016年（465亿美元），2018年和2019年锐减至54亿美元和48亿美元。从结构看，并购占比92%，私人资本占比76%（国有企业占比24%），战略投资占比78%，多数权益占比83%。行业层面，主要集中在房地产、ICT、能源、金融和商业服务等领域，但不同时间段有较大差别。在2016—2017年投资热时期，中国对美国投资集中在房地产、酒店、交通和基础设施等少数行业。2019年主要集中在消费品和服务、汽车、房地产和酒店这三个领域。

同一时期，美国对中国的直接投资总额累计2580亿美元。1993年和2001年是美资加速流入中国的重要关键点，峰值出现在2008年（200亿美元）。2009—2019年基本在90亿～140亿美元波动，并没有出现显著下滑迹象。

结构上，中美之间存在较大差异。美国对中国的直接投资以绿地投资[1]为主，占比67%；私人资本占比100%；战略投资占比86%；多数权益占比65%。在过去的30多年里，随着中国经济的成熟，美国在中国直接投资的行业机构也随之改变。最早主要集中在劳动密集型制造业；2000年至21世纪10年代早期转向了消费品行业，如食品和汽车；近5年越来越多地投资高科技和先进的服务部门。

风险投资方面，2014年之后中美双边风险投资规模快速上涨，美国对中国投资规模首次突破30亿美元，中国对美国则首次突破10亿美元。2018年是中美双边风险投资的高点，美国对中国投资约200亿美元，中国对美国投资额为45亿美元。2019年以来，双边风险投资都出现了明显下降。2019年美国对中国投资额锐减至51亿美元，降幅75%；中国对美国投资额为25亿美元，降幅44%。2020年上半年进一步缩减至13亿美元和8.3亿美元。

2000年至2019年上半年，中美双边风险投资共发生了约5000笔交易，合计金额达660亿美元。其中，美国对中国的投资额为470亿美元，约占外资VC总投资额的1/5。行业方面，移动通信

---

1. 绿地投资又称新建投资，是指跨国公司等投资主体在东道国境内设置的部分或全部资产所有权归外国投资者所有的企业，这类投资会直接导致东道国生产能力、产出和就业的增长。

（27%）、软件即服务（SaaS，14%）、电子商务（12%）、工业（11%）、制造业（8%）是投资额排名前五的领域。2017—2019年，人工智能、大数据和生命科学领域的投资增长最快。与2014—2015年相比，2018—2019年投资额增加的领域由高到低为：人工智能、大数据、肿瘤学、生命科学和区块链。减少的领域由高到低为：移动通信、工业、SaaS、教育科技和金融科技。

由此可见，中美关系的不确定性对直接投资和风险投资的影响有一定差异。对直接投资的影响是非对称的，主要影响的是中国资本"走出去"。这也从侧面说明，2018年以来中国扩大金融开放，降低市场准入，可有效对冲中美关系变局对直接投资的影响。美资企业并未表达出将产业链从中国撤离的更强烈的倾向。2020年，中国经济更是成为全球经济的"压舱石"，产业链的完整性和市场容量仍是增强外资黏性的重要力量。中美关系变局对风险投资的影响是对称的，"引进来"和"走出去"均受到了明显的负面影响。笔者认为，这种影响在中期内难有改变，而且这种影响不局限于中美双边。一位在美国硅谷做投资咨询的华裔称，美国企业对于投资中国或接受中国投资都非常谨慎，甚至是排斥。另一位做跨境并购的朋友称，中国企业对美投资权益占比超过5%就需要备案审批，而且通过难度较高。即使是对欧洲的投资，交易成本也大大提高，以前电话、邮件沟通即可，现在需要驻地。

科技与资本（人力资本和物质资本）是绑定的。中美科技竞争，必然牵涉从基础研究到风险投资再到上市的全流程。

2018年年中，美国政策制定者更新了《外国投资风险审查现代化法案》(FIRRMA),加强了美国外资投资委员会(CFIUS)的权限——将审查范围扩展到低于10%的股权的风险投资等私募股权投资(PE)。与此同时,美国国会还通过了《出口管制改革法案》(ECRA),将现有的出口管制制度编纂成法律,并建立了一个跨部门程序,以确定和控制对美国国家安全至关重要的新兴和基础技术的出口。美国国会和美国证券交易委员(SEC)推进的《外国公司问责法案》(HFCAA)也已经落地,意欲加强对中概股的财务审查。美国政府还颁布行政命令,限制投资与中国军方有联系的企业。

中国与美国在金融方面的融合远低于贸易,但官方口径仍然大大低估了中美金融的联系。美国居民持有中国金融资产的方式至少包括如下几种:(1)直接购买中国境内[1]股票。美国机构投资者如国家养老基金,委托摩根大通等资产管理机构投资,后者获得合格境外机构投资者(QFII)资格,可直接投资A股。(2)购买美国存托股票(ADR)。例如ADR的所有者拥有拼多多开曼群岛控股公司部分股权,后者通过一种可变利益实体(VIE)结构控制着其在中国境内的实际业务。(3)购买中国香港上市公司股票。(4)购买中国在岸债务证券(债券通)。(5)通过离岸融资工具购买中资美元债。如保诚集团通过注册在英属维尔京群岛的融资工具,购买中国国家电网发行的美元计价债券。

截至2020年年底,美国投资者共持有中国1.1万亿美元的股权和1000亿美元的债权,这大约是美国官方数据的5倍。美国官方数

---

[1]. 如无特别说明,本书中境内、境外中的"境",均指关境,而非国境。

据显示，截至2020年9月，美国持有的中国股权和债权分别为2110亿美元和290亿美元。造成这种差异的主要原因来自中国的公司利用复杂的法律结构，在避税天堂发行股票。对此，美国国会和证券监管部门也正在制定措施，计划限制VIE构架公司在美国融资。例如，美国国会中国经济与安全审查委员会（USCC）在2019年年报中就建议，禁止采用VIE构架的中国公司在美国上市。

中国居民拥有美国金融资产的方式包括以下几种：（1）直接购买美国上市公司股票。持有合格境内机构投资者（QDII）许可证的中国境内机构投资者如中国的资产管理公司，可直接购买在纽约证券交易所（NYSE）等上市的美国公司的股票。（2）通过第三国或避税天堂购买美国上市股票。例如中国高净值人士绕过中国的资本管制，将资金投入一家避税天堂的壳公司，该壳公司转而投资在纳斯达克证券交易所等上市的美国公司的股票。（3）直接购买国债。中国人民银行通过拍卖的方式或在美国二级市场直接购买美国国债，以管理中国的外汇储备。（4）通过第三国或避税天堂购买债务证券。如中国投资有限责任公司（CIC）通过一家位于中国香港的离岸子公司购买一家美国公司的债务证券。（5）通过海外融资平台购买美国债务证券。

国家外汇管理局数据显示，截至2019年年底，中国证券投资者持有美国实体发行的940亿美元股票和700亿美元债务证券（不包括外汇储备资产）。美国财政部国际资本流动报告（TIC）显示，截至2020年9月底，中国投资者持有美国公司发行的2450亿美元的股票证券和240亿美元的债务证券，加上1.2万亿美元的国债。TIC的数据虽然高于国家外汇管理局的数据，但仍然没有覆盖上述（2）、（4）、（5）渠道的投资。荣鼎咨询估计，截至2020年年底的下限是1.7万亿美元——3700亿美元的股权和1.3万亿美元的债权，上限估计是2.1万亿美元——7200亿美元的股权和1.4万亿美元的债权。以下限计算，规模约为中国官方统计数据的10倍，官方统计数据实际上提供的是一个最小下限估计。中美金融连接程度比想象中更高，也意味着风险更大。

中国改革开放搭上了建立在美元信用本位制基础上的新一轮全球化的"顺风车"，与二战后初期不同的是，随着金融全球化和直接投资的兴起，跨国公司在贸易和价值链格局的形成中扮演着重要作用。中国工业化"从0到1"的跨越，就是借助FDI和外商投资企业实现的。这是扬长补短之举，既充分发挥了本土丰裕廉价劳动力的优势，又弥补了资本和技术的短缺。20世纪90年代初，世界体系合二为一，中国市场化改革进一步推动了直接投资流入中国。到2001年加入世界贸易组织（WTO），中国进入全球化的高光时期。通过嵌入全球价值链，中国本土企业快速崛起，从价值链分工的底端逐渐攀升，获得了更多增加值份额。2008年金融危机之后，在全球跨境投资增长持续低迷的情况下，中国企业加快了"走出去"的步伐。但是由于政策对服务业FDI的限制仍然严格，中国的服务业发展显然滞后于制造业，在贸易中处于弱势地位，还严重制约着中国制造业"走出去"。

整体而言，中国与世界金融体系的融合程度偏低，中国金融开放也侧重于制造业，服务业扩大开放是下一步重点。中国对服务业FDI的限制也是结构性的，主要集中在金融、法律、媒体、通信和运输行业。《中欧双边投资协定》（BIT）的主要诉求就是市场准入和公平竞争，中国承诺在金融服务、海上运输服务、云服务、私人健康服务等行业降低市场准入门槛，这不仅有助于满足新时代人们对美好生活的需求，也有助于释放中国吸引FDI的潜力，同时还有助于在服务业中复制"中国制造"的经验，进一步支持中国产业资本"走出去"。

通胀灰犀牛

"如果你调戏通货膨胀，那它一定会嫁给你。"最肆无忌惮的"调戏"，莫过于将一切分析和政策建议都建立在低通胀基础之上。现代货币理论（MMT）拥护者提出的政策建议的逻辑起点是：通货膨胀不是紧约束。如果通胀是紧约束，廉价货币与赤字融资相结合的政策空间就比较小。如果说MMT的实践在2008年之后阻止了一场大萧条，以及在应对新冠肺炎疫情时阻止了一次经济危机，那么下一个10年，MMT的政策建议或可能被证伪。

通胀已经归来，虽然预期相对温和。美林时钟或将再次转动，通胀交易的价值也会显现。相对宽松的货币环境，也建立在低通胀预期基础之上。债券牛市和风险资产价格的上涨，建立在无风险收益率和通胀风险溢价持续下行的基础之上。所以，通胀必将引起大类资产配置逻辑的大转变。对于风险资产估值而言，这是一头若隐若现的重量级灰犀牛。

20世纪八九十年代以来，全球通胀的特征主要有以下几点。

第一，通货膨胀率持续下行。至20世纪末，OECD国家核心通胀的中位数已降至2%以下，其中部分国家开始出现通缩；非OECD国家核心通胀的中位数降至3.5%，较20世纪90年代初，分别下降4百分点和6百分点。

第二，无论是发达国家内部、发展中国家内部还是发达国家与发展中国家之间，通胀都经历了大收敛。2008年金融危机之后，组间通胀的收敛特征更加明显。至2019年年末，发达国家通胀率中位数为1.7%，发展中国家为2.24%。

第三，通货膨胀率的波动性下降，联动性增强。比较而言，整体（headline）价格通货膨胀率的联动性较核心通胀率更强。

21世纪以来，OECD国家核心通胀率中位数基本运行在2%上下0.5百分点范围内，非OCED国家的波动区间为4%上下1百分点，四分位距（IQR）高度重合。

驯服通胀，央行厥功至伟。至少最近十多年来，通胀已经不再是货币政策的硬约束。但2008年金融危机之后，三大转变——全球化、人口结构、货币政策框架的转变——悄无声息地为中长期内全球通胀的上升埋下了伏笔。

第一，从深度全球化到全球化再平衡。20世纪八九十年代以来的深度全球化（"价值链贸易+金融全球化"）是全球性低通胀的大背景。价值链贸易降低了中间品投入成本，不同国家要素禀赋的互补性提升了效率，降低了劳动成本。但效率优先的全球化进程正在调整，国家安全和碳排放等效率以外的维度重要性凸显，全球化或难再成为价格压抑的增量。

第二，全球人口结构在2015年前后出现大转折，劳动人口比例出现峰值并开始下行。"中国出口什么，什么就便宜"的时代随着中国人口红利的消失渐行渐远。老龄化不仅从供给端造成劳动力成本上升的压力，从需求端也会相对增加消费（老龄人口只消费，不生产）。

日本老龄化与低通胀并存的现象常被作为一个反例，以反驳老龄化产生通胀的假说。有大量经验证据表明，人口老龄化会产生通胀压力，但由于影响通胀的因素很多，如果其他因素对冲了人口因素，通胀就不会形成。日本的特殊性在于，一方面，日本的老龄化发生在全球尤其是亚洲劳动年龄人口持续增加的时期；另一方面，始于20世纪80年代的产业链外迁实际上帮助日本"借用"了他国劳动力进行生产。但是当下的情况是人口结构发生了全球性的大反转。

第三，后危机时代投放的海量货币覆水难收。量化宽松政策治标不治本，债务驱动的需求难以形成真实的通胀。货币从来不是通胀的充分条件，而是必要条件，大通胀极少在货币"大放水"的情况下出现。2020年新冠肺炎疫情的冲击与2008年金融危机的冲击存在本质不同，政策应对的方式也有较大差异。新冠肺炎疫情期间，美国M2增速创下二战后的峰值，居民储蓄和劳动份额陡增。随着美联储转而钉住平均通胀目标，其对短期通胀的容忍度将有所提升。这些转变和差异可能终止2008年之后的低通胀，量化宽松的货币政策不会引发通胀的逻辑在将来可能被证伪。

第 2 章

全球流动性和货币之锚：拆解美联储资产负债表

央行资产负债表是研究非常规货币政策的首选工具，它不仅具有数量含义，也包含结构和价格信息，我们可从中观察央行的货币政策目标和职能的转变，及其与其他经济或金融部门的互动。本章主要以美联储资产负债表为工具，探讨美国货币政策框架的演变及其对全球经济和金融市场的影响。

从诞生到独立

资产负债表从规模和结构两个维度显性地记录了美联储百年史，也反映了美联储在国民经济运行中的重要性及其调节经济的能力。我们必须结合经济周期、货币制度和货币政策框架（目标、工具和价值观）等多个维度来理解美联储资产负债表的变迁。

从相对规模[1]来看，美联储资产负债表的演化经历了三个周期。1914—1928年为第一个周期，一战结束前夕达到峰值，战后的缩表持续了十余年。第二个周期为1929—2007年。二战结束时达到峰值。二战后虽然绝对规模仍在增加，但速度慢于经济增

---

1. 2018年之前为总资产/GNP（国民生产总值），2018年后为总资产/GDP。

长，所以相对规模一直在下降，至1980年年初降到5%的低位。1980—2007年金融危机前为"平静期"，美联储资产负债表的相对规模基本稳定在5%~6.5%，虽然绝对规模从1600亿美元增加到了9000亿美元。这说明美联储扩表速度与经济增速基本持平。第三个周期始于2008年金融危机，美联储资产负债表规模急剧膨胀，第三轮QE后总资产达到4.5万亿美元，相对GDP的规模超过了二战时的高点。2018年年初开启的缩表进程仅持续到2019年9月，其后便开始了新一轮扩表。[1] 在应对2020年新冠肺炎疫情冲击的过程中，美联储扩表的规模和速度都超过了2008年金融危机。截至2021年4月，美联储总资产达到7.5万亿美元，占GDP的比重达到了35%的历史性高位。无论是美联储还是英格兰银行，历史上都未曾达到过这样的规模。

目标决定工具，货币政策目标是理解美联储行为的逻辑起点。1893年和1907年两次金融大恐慌是美联储成立的重要背景，货币短缺被认为是危机后经济衰退的重要原因。美联储的创始人对央行职能的认识是在国民银行时代（1865—1913年）的货币恐慌中形成的，故在建立初期，美联储的主要职能是为货币市场提供"富有弹性的通货"[2]，即发挥"最后贷款人"职能。其提供信贷的主要依据是"真实票据原则"（real bills doctrine），这被认为有助于抑止投机性货币需求。美联储的主要政策工具是贴现率，加息可降低企业融资需求，也常被用来应对股市泡沫和黄

---

1. 本次扩表主要是为了烫平货币市场利率波动，缓解流动性紧张状况。
2. 1913年《联邦储备法》的宗旨是："致力于建立联邦储备银行，提供富有弹性的通货，提供商业票据再贴现的手段，在美国建立更有效的银行监管，以及实现其他手段。"

金外流。20世纪20年代，本杰明·斯特朗担任纽约联邦储备银行（FRBNY）主席，其主要任务之一就是冲销黄金流入或流出产生的货币数量波动。随着一战的爆发，用非常低的利率来促进全面就业成为一个政治目标，大萧条、罗斯福新政和二战都强化了就业目标。

《1946年就业法》首次从法律上赋予了美联储追求物价稳定的义务[1]，但它从未成为美联储制定货币政策时首要的或公开的目标，因为美联储认为，物价是由市场决定的，取决于金矿的发现和黄金的流动，并非自身所能左右，从而拒绝承担维持物价稳定的职能。当时主流的经济学家都持同样观点。直到1951年威廉·马丁担任美联储主席，美联储才公开承担起维持物价稳定的任务。因为商品货币自带信用，信用货币才需要建立信用。这也是为什么在商品货币时代，即使许多国家并未建立中央银行制度，经济仍能够正常运转。

金汇兑本位制是理解本阶段美联储货币政策和资产负债表的一个制度背景。如附图1所示，1914年11月美联储正式运行时，总资产仅为2.5亿美元，占GNP比重为0.66%，其中黄金储备2亿美元，占总资产的84%[2]，约占世界黄金储备的1/5。一战期间，大量参战国纷纷放弃（或暂停）金本位，采取廉价货币政策为战争融资，而美国则坚守金本位，又由于参战较晚且远离战场，黄金大量流入美国。至1918年年底，美国黄金储备已经占到世界的2/5。所以，美联储资产负债表的膨胀部分是适应性的。

---

1. 此外还有充分就业、经济增长和稳定汇率目标。
2. 联邦储备券要求的（最低）黄金储备比例为40%。

黄金流入或流出是影响美联储资产规模的重要因素，也是本阶段美联储发行货币——联邦储备券（流通中的现金）的主要方式之一。结构上美联储仍有一定的自由度，这主要通过确定合法的贴现票据或开展公开市场操作来实现。比如1916年和1917年《联邦储备法》修正案分别增加了15天票据和15天抵押票据两种合格抵押品；一战期间，新增了政府债券。美联储的资产是其创造基础货币的媒介，其结构取决于：谁需要流动性，以及它有什么资产。正因为"有真实贸易背景的票据、银行汇票和汇票"在商业银行资产中占有重要地位，它们才能够成为合格抵押品。这是理解央行资产负债表的一贯逻辑。

1917年4月，美国向德国宣战，美联储资产规模快速膨胀，至1920年10月达到66亿美元峰值，占GNP的比重达到9%。战争期间，美联储一方面对冲黄金的流入，另一方面通过降低贴现率，为银行提供了融资流动性，促进了国库券的发行，降低了国债发行成本。作为结果，美联储持有的黄金和商业票据大幅增加，尤其是后者，从一战前的3.6亿美元增加到了20亿美元，占总资产的比重从不足10%提高到43%，一度反超黄金。与之相对应，负债侧的基础货币与准备金也大幅增加。以美国参战时点为界，此前基础货币的增长主要源自黄金流入，此后主要源于美联储对银行的债权的增加。

为财政赤字融资是所有战时货币的一个标签，美国也不例外。一战期间，美联储持有的政府债券及其份额虽有增加，但并不显著，其对财政的支持主要是通过商业银行实现的。1917年《联邦储备法》修正案拓展了美联储贴现窗口的合格抵押品范围，增强了美联储货币发行权。其后，美联储负债中的联邦储备券和成员银行准备金规模、增速和占比都显著提升，两者在基础货币中的占比分别从美国参战初期的7%和14%提升到了停战时的38%和21%。某种意义上，贴现窗口实质上变成了政府债券的销售窗口。美国参战期间，增幅财政赤字主要是通过借款和货币发行融资的，这两者都与美联储密不可分。

一战结束后不久，美联储总资产规模有所回落。在咆哮的20世纪20年代，经济持续扩张，但美联储的资产负债表规模稳定在50亿美元上下，这使得美联储总资产对GNP的相对规模持续下行。资产结构方面，黄金储备占比在50%~70%波动，这算是一个边际改善了的资产结构。过高的黄金份额反映的是过低的政策自由度——只有当美联储持有某种资产时，它才可以出售该资产，进而影响资产价格和利率。负债结构方面，基础货币占比从90%稳步下降到80%，其中准备金占比显著提升。整个20世纪20年代，黄金流入都是美联储扩表的主导因素，"真实票据原则"并未形成实质性约束。1924年第二季度，FRBNY开始在公开市场进行买入操作，并将贴现率降至3%，以支持英国重建金汇兑本位制。[1] 同年6月，美国股市开始上涨。1927年8月，英格兰银行、法兰西银行和德国中央银行再次说服美联储调低贴现率，美股持续攀高。

1928年年初，美联储开始收紧货币政策以遏制股市泡沫。从1928年5月到1929年8月，贴现率从3.5%升至5%[2]（高于长期国债

---

1. 美联储降低贴现率，有助于减少其他国家黄金流入美国的压力。
2. FRBNY上调至6%。

利率）。加息和公开市场操作挤出了货币市场的流动性，也刺破了美股泡沫。1929年10月，美股崩溃，美国遭遇史上最严重的经济大萧条。至1933年3月，美国的名义GDP下降了一半，由于通货紧缩，实际收入下降了36%，失业率达到了25%，道琼斯工业指数下降了89%。银行历经三轮挤兑风潮，破产数量累计近万家，货币存量收缩了1/3。即使深陷大萧条之中，美联储还在1931年将贴现率从1.5%提高到了3.5%以应对黄金外流。米尔顿·弗里德曼和安娜·施瓦茨在《美国货币史》中指出，美联储的乱作为或不作为是大萧条的重要解释，否则大萧条或许可以避免。美联储未能扩张信用以承担起稳定物价的职能，也被认为是美国经济陷入"通缩—债务"循环的原因。这一观察影响深远，至今仍然是美联储货币政策的"圣杯"[1]。实际上，美国的财政政策也难逃干系，当时主流的思想仍然是收支平衡论，赫伯特·胡佛总统1932年签署的《税收法案》上调了所得税、公司税和消费税，加剧了经济紧缩。总结而言，货币上的"真实票据原则"和财政上的收支平衡论限制了政府有形之手对冲经济负冲击。

在金汇兑本位制时代，货币的收缩与央行黄金储备的流失有直接关系。1931年9月，英国停止英镑与黄金的兑换。出于对英国不再采取金汇兑本位制的担忧，黄金开始流出美国。仅在1931年8—11月，美国就损失了6亿美元黄金储备。正是在这个背景下，美联储才提高了贴现率。也正因为如此，富兰克林·罗斯福1933

---

[1] 美联储前主席本·伯南克认为，"大萧条"是宏观经济学的"圣杯"（holy grail）。无论是在担任美联储主席期间为应对2008年金融危机而果断采取的救助行为，还是卸任后写作的一系列反思金融危机的作品，都显示出伯南克对于美联储应该在危机发生时立刻行动的观念深信不疑。

第2章 全球流动性和货币之锚：拆解美联储资产负债表

年执政之后的当务之急就是关闭黄金窗口，宣布黄金退出流通和居民窖藏黄金非法。同年5月通过的农业调整法案《托马斯修正案》还授权总统调低美元的黄金含量，幅度最高可达50%。9月，美国财政部开始购买黄金以推高黄金价格。1934年1月，黄金的价格被重新固定在每盎司35美元，相比1900年《黄金法案》确定的20.67美元，一次性贬值69%。

多措并举之下，黄金从1934年年初开始持续流入美国，一直持续到美国参与二战才放缓。其间美联储的黄金储备[1]从35亿美元攀升至200亿美元以上，占总资产的比重也回到了成立初期的80%以上，带动美联储资产负债表快速扩张。黄金流入规模之大，已经超出了美联储对冲的能力范围。财政部借款购买黄金后将其存放在美联储，形成财政部存款。当财政部提取存款进行支付时，黄金就转化成了基础货币。所以，本阶段基础货币的扩张主要是通过美联储调整负债侧结构实现的。从罗斯福执政到美国对日宣战，美联储可主动管理资产的结构几乎没有变化，贷款规模几乎是零增长。这与新冠肺炎疫情之后美国财政部通过发行国债融资，将其存放在美联储账户进而用于发放救济金产生的资产负债表效应是类似的。

直到20世纪30年代早期，美联储仍然深陷于金本位和"真实票据原则"的窠臼，凭借贴现率和借入准备金机制调节货币市场流动性。贴现率的绝对水平并不能作为货币政策松紧的刻度，必

---

1. 1934年1月30日签署的《黄金储备法案》将所有货币黄金的所有权转移到了美国财政部。因此，美联储不再直接持有黄金，而是拥有对财政部黄金的所有权，记录在黄金证书账户（gold certificate account）。

须将其与融资需求相比较。理论上，"最后贷款人"职能只有在贴现率作为货币市场利率下限的时候才有效。但在大萧条期间，企业和居民部门融资需求极低，包括商业银行在内，都在囤积流动性，致使货币市场短期利率降至贴现率之下。1932年9月，以3个月期国库券利率为代表的货币市场利率首次触及零下限（附图2），其后一直维持低位震荡格局。贴现率反而成了利率上限。又由于向央行借款会影响声誉，1933年至二战结束前夕，美联储持有的商业票据规模几乎为零。这实质上宣告了借入准备金机制的破产，美联储也因此进入以货币乘数为基础的货币数量管理时期。美联储放弃通过借入准备金机制调节贴现率，为罗斯福政府摆脱金本位的束缚提供了可能性。财政部实质上取代了美联储，成为创造基础货币的主体。

再难找到比大萧条影响更深远的事件了，最严厉的银行业监管法案[1]的颁布、联邦公开市场委员会（FOMC）和联邦存款保险公司（FDIC）的建立、大政府管理模式的确立、进步主义思潮的盛行乃至纳粹德国的诞生和二战的爆发，都与此有关。美联储的权力也得以加强，《1932年银行法》[2]赋予了美联储用政府债券做担保发行联邦储备券的权力[3]——这在21世纪被称为QE。

从1932年至二战爆发，美联储对在公开市场买入国债方面一直非常谨慎。当时美联储内外盛行的观点是："在使货币进入流

---

1. 即美国《1933年银行法》，又称《格拉斯-斯蒂格尔法案》，它将商业银行与投资银行分离，并对利率进行管制。
2. 《1932年银行法》规定了国债占联邦储备券比例可达60%。不应将其与《1933年银行法》混淆。
3. 但纸币发行仍需黄金储备。

通领域的方法中，有两种本质不同的方法：购买政府债券与购买票据……通过购买票据投放货币主要是为了帮助真正意义上的商业交易，而对于通过购买政府债券投放的货币，没有人能够弄清它可能的去向。例如，借给了华尔街。"[1] 故以国债为基础投放基础货币被认为违反了"真实票据原则"，可能刺激金融泡沫。大萧条之前的股票泡沫之过，本就被记在了美联储身上，更何况商业银行已经拥有大量准备金存款。《1935年银行法》终结了美联储持续了近30年的"内斗"，权力由FRBNY向美联储集中，美联储首次获得了法律上的独立性。但正如前文所说的，这些法案并没有改变美联储的行为，美联储并未通过大规模购买国债创造基础货币，行动仍受制于总统和财政部。

---

1. 美联储第二任副主席保罗·沃伯格。

战时债务管理政策

与一战相比,二战时期美联储在支持政府融资的方式上有巨大差异。这段时期美联储货币政策的出台背景和具体的操作方式与2008年之后有着极高的相似性——零利率和巨额出超准备金是约束条件,良序的国债市场和金融稳定是目的,直接购买国债、收益率曲线控制、扭曲操作和调节法定存款准备金率等是手段。

美联储债务管理政策的起源

《1932年银行法》播下的种子在二战期间发芽。1942年3月生效的《第二次战争权力法案》授权美联储直接从财政部购买或担保证券,并取消了此前要求的剩余期限不超过6个月的规定。二战期间,美国财政支出总额高达3,680亿美元,税收只筹集了其中的42%[1]。1942年,美国财政赤字占GDP的比重达到了15%,1943年

---

[1] 远超一战时的20%。

增至30%，1944—1945年为22%。战争结束时，美国国债余额占GDP的比重上升到了120%的历史高位。一般而言，国债供给增加会导致利率上行，但二战是个例外，一个重要的解释就是美联储的战时利率控制政策。操作方法上，以调控法定存款准备金率和在公开市场直接购买国债为主。

美联储为稳定国债价格而购买长期国债的历史可追溯到1935年春。1938年以后，"有秩序的政府证券市场"频繁出现在FOMC会议记录中，调节法定准备金率、压缩出超准备金成为重要政策工具。[1] 但是一战爆发之前，购买国债并非美联储的常规操作，有点"雷声大，雨点小"的意思。1939年，二战在欧洲率先爆发，为战争筹措资金成为政府的头等大事。投资人担心国债价格下降，故对买入国债持观望态度，导致国债实际利率上行。在战争持续时间不确定的情况下，投资者不愿购买长期固定利率债券，一场意外漫长的战争有可能导致未来更高的收益率、更低的债券价值，从而导致资本损失。这是一战期间困扰美国财政部部长威廉·麦卡杜的难题。

有了前车之鉴，美国迅速国内形成共识，应避免这种情况再度发生。1939年4月和6月的FOMC会议同意为了稳定国债价格而买入国债。同年9月1日，德国入侵波兰，美联储买入5亿美元国债。但直到美国参战，美联储仍然奉行自由的国债市场秩序，对买入

---

1. 在借入准备金机制下，贴现率是美联储调节货币供应，进而稳定物价的重要工具。如果超额准备金数量太大，使得银行对贴现率的波动不敏感，那么，贴现率就失去了调节货币供应的作用。美联储提高法定准备金率，将超额准备金（excess reserves）转化为法定准备金，就能够迫使商业银行回到贴现窗口借钱。这就是"结构性流动性短缺的货币政策框架"。

国债持谨慎态度，实际上却起到了稳定国债市场的作用。

美联储债务管理政策的实践

1941年12月，日本突袭珍珠港，美国对日本宣战。在财政赤字扩大和通胀预期的作用下，美国国债价格应声下跌。美联储积极响应，加强了与财政部的合作，考虑共同制定一项长期计划，明确了维持国债市场秩序的目标。但两者在具体方案上产生了分歧。财政部认为，维持长期低利率的最佳方式是向银行体系提供大量储备金以压低短期利率；美联储担心这会引发通货膨胀，主张短期利率随市上浮，并通过直接购买长期国债的方式将长端利率限定在2.5%以内。美联储研究和统计部门主任伊曼纽尔·戈登威瑟在1941年中期给FOMC的备忘录中指出："当公众确信利率不会上升时，潜在投资者将意识到等待没有任何好处，对（资金）流入政府证券……很有信心。"

1942年春，美国财政部与美联储达成了控制利率期限结构、支持国债价格的折中方案：3个月期国库券利率被固定在0.375%；3个月~1年期短期国债利率为0.875%~0.9%；10年以下中期利率上限为2%；10年及以上长期国债利率上限为2.5%。当时英国的2.5厘息统一公债的利率在3%上下浮动，因此美国投资者认为，将高于英国国债信用的美国国债的利率上限定在2.5%是合理的。美联储内部也认为2.5%恰到好处，对投资者有足够的吸引力，融资成本也可控。然而对战时经济来说，这个利率水平是偏低的，将直接导致债务货币化。

当国债利率的期限结构被固定为向上倾斜状态时，最优投资策略（之一）就是买入长期国债，持有一段时间后再将其卖出（riding the yield curve），所以美联储控制利率期限结构的做法，提高了长期国债对投资者的吸引力。投资者纷纷抛售国库券，换购中长期国债。这也是为什么即使长期国债发行量增加，利率仍然在下降。所以直到二战结束，美联储也不需要通过购买长期国债来将长期利率控制在2.5%以下（附图3）。相反，国库券吸引力大幅下降，申购冷清。1942年年初，美国商业银行的国库券保有率[1]为60%，1946年年底降至7%，仅为1年期附息国债的10%。

为维护短期利率，美联储必须作为交易对手方买进短期国债。从1942年3月到1946年2月，美联储持有的国债余额增加了207亿美元，占总资产的比重高达53%，占流通国债总额的11.5%；但其持有的长期国债数量仅10亿美元，净减少了6亿美元。相反，持有的国库券则从战前的0增加到了130亿美元。从存量债券的期限结构看，美联储保有的3个月期的国库券占发行总量的比例高达76%，3个月到1年期的短期国债占比20%，中期国债和长期国债占比仅为7%和0.8%。在商业银行保有的889亿美元国债中，国库券只有25亿美元，占比2.8%，1年以上中期国债占比为64%。

有序的美国国债市场为全球投资者提供了安全资产，但人为设定的利率上限多少带有随意性。长期国债的受欢迎程度似乎意味着：2.5%长期利率上限不是设定得太低，而是太高了。二战结束后，伴随着战时价格控制的放松和国债发行量的收缩，长期利

---

[1]. 商业银行持有的国库券余额/国库券总市值。

率在1945年年末开始下降，1946年下降到2%，直到1948年年初都位于2.5%以下。

富田俊基认为，长期国债利率下行有两个特定的原因。第一，基于历史经验，人们预期战争结束后会回归金汇兑本位制，重新进入通缩，所以战争结束初期的物价调查均显示物价下跌的预期。与当前不同的是，正是战时的通胀预期引发了战后的通缩预期——"有涨必有落"。第二，人们担心战争结束后不会再发行长期国债，会出现安全资产短缺的状况，因此竟出现了抢购长期国债的现象。美联储和财政部乐见于此。

战时债务管理政策的退出

早在1944年，FRBNY就建议提高国库券利率，但时任主席马里纳·埃克尔斯认为，这会危机银行体系的稳定性，因为商业银行持有的国债远超资本金。截至1945年6月末，美国商业银行保有的国债余额为842亿美元，在总资产中占比超过50%，其中5年期以上的国债277亿美元，占国债比重为33%，而资本金仅96亿美元。利率上行会导致资产缩水，侵蚀资本，加剧金融脆弱性。

在1945年的年度报告中，美联储表达了这种担忧："提高总体利率水平的主要后果是，发行在外的政府证券的市场价值会下降，这将给财政部偿付其到期证券带来麻烦。如果价格急剧下跌，可能会对金融机构的运转产生非常不利的影响，可能削弱公众对此类机构的信心，从而形成银行挤兑。"对大萧条期间三轮银行破产潮心有余悸的美联储，万万不敢再冒险。

第2章 全球流动性和货币之锚：拆解美联储资产负债表

1946年2月，据说是因为家庭主妇们在货架上找不到汉堡造成了愤怒和抱怨，哈里·杜鲁门总统逐步放松物价管制。通货膨胀从同年第二季度开始爬升，在1947年3月达到了20%的高度。银行承兑汇票和商业票据利率随通胀率同步上升，但3个月期国库券利率仍被牢牢钉在0.375%的水平。1947年8月，为抑制通货膨胀预期和调节不同期限国债实际收益率之间的背离，美联储与财政部达成新协议，同意将国库券利率从0.375%上调至0.875%。这是脱离战时利率政策的第一步。[1] 此后一年多时间，美联储一直在争取更高的短期利率，但长期利率上限一直维持到1951年。这是美联储历史上首次进行"扭曲操作"——更高的短期利率有助于抑制通胀预期，而维持长期利率上限是政治任务（附图4）。

随着短期利率的提高，期限利差收窄。市场预期长期利率也将上行，2.5%利率的长期国债不再具有吸引力。1947年年末，投资者开始抛售长期国债，买入短期国债。长期国债利率逼近2.5%上限，美联储不得被动购入长期国债。截至1948年年底，美联储持有的长期国债增至110亿美元，占持有国债总额的近50%。

尽管美联储持有的长期国债占总流通市值的比重略高于10%，但管制措施还是取得了成功，2.5%的利率上限得以维持。其间大部分时间长短期国债呈现出此消彼长的态势，美联储资产负债表规模和持有国债总额稳中有降，说明美联储购买长期国债的资金基本来源于到期的国库券，直到1948年3月以后，购买长

---

1. 第二步是发行1年期证书（附息国债），财政部将发行利率上调至1.25%；第三步，1947年12月，联邦银行逐渐降低长期国债的支持价格，但仍高于面值；第四步，1948年8月，财政部同意将1年期国债利率上调至1.25%，并表示从10月起将发行利率由1.12%上调至1.25%。

期国债的大部分资金才是通过扩大资产负债表而获得的。美联储在一年内连续3次提高法定存款准备金率，累计提高6百分点，这才稳住了长期国债价格，部分对冲了购买国债对超额准备金的影响。

1948年3月至7月，通胀持续反弹，美联储需要在支持国债价格和维护物价稳定上取得平衡。扭曲操作——卖国库券、买长期国债配合法定存款准备金率的提高，就是新的平衡术。美联储对短期利率上行有一定的容忍度，但短期利率不能上升到给长期利率上涨带来压力的水平。从1947年6月到1948年10月，3个月期国库券利率从0.375%升至1.1%，1年期证书利率从0.875%升至1.25%，长期国债利率从2.2%升至2.48%。

1948年第四季度开始，美国经济转弱，长债利率开始下行（领先于国库券），美联储购债压力下降。1949年上半年，联储借此出售了30多亿美元的国债。受到固定短期利率的影响，联储在降息方面犹豫不决，主要是担心财政部要求其将短期利率固定在更低的水平。美联储并非不愿意下调利率，但希望财政部授权美联储对称的调节利率的权力——既可以提高，也可以降低，而非只能是后者。

退出债务管理政策的政治阻力

至1951年3月"财政部—美联储协议"达成之前，美联储的每次调息决定都需要得到美国财政部的审批。1949年第二季度末，美联储终于采取行动下调利率，并停止出售国债。经济颓势逐渐好转，同年7月工业生产开始恢复，10月通胀触底反弹。次年1月，长期国债利率也开始缓慢上行。6月底，朝鲜战争爆发，人们担心财政赤字扩大，通胀预期和长、短期利率加速上行。

朝鲜战争打断了美联储取消战时利率政策的节奏。1950年6月，FOMC会议投票决定提高1年期利率，但财政部拒绝了，并以更低的利率发行新的债券，而当时的美联储必须支持。哈里·杜鲁门总统强烈主张美联储维持长期利率上限。1950年第二季度开始，美联储加大中期国债购买力度。为减弱资产负债表扩张效应，美联储缩减了长期国债保有量。7月，通胀率转为正值，至1951年2月快速升至9.4%的高位。此前的3个月里，消费者物价累计上涨了31%。1951年1月25日，杜鲁门冻结了工资物价。同一天FOMC召开会议，有理事指出，如果顺应财政部要求，继续按照固定利率购买国债，那么美联储就会成为通货膨胀的引擎。

具有戏剧性的一幕发生了。1月31日，杜鲁门召集美联储理事开会，并在会议上指出："美国现在面临建国以来最大的危机，那比二战以及其他战争都要严峻。如果国民对国债失去了信赖的话，那事态就会非常危险。"时任美联储主席托马斯·麦克凯回应说：可以按照总统的要求将利率固定，但自己会辞职。美联储显然已经对维护国债价格失去了兴趣，没有直接回应总统的诉求，而是强调美联储的职责：通过管理通货膨胀、利率和流动性，促进经济安定。随后，杜鲁门指示麦克凯"研究抑制民间信贷扩张，同时维护国债市场稳定的方法"，具体由财政部与美联储协商落实。

在1951年3月3日的FOMC会议上，双方敲定了最终方案，即

1951年"财政部—美联储协议"(下文简称协议)。当日,长期国债利率已经升至2.47%。次日,麦克凯主席和财政部部长约翰·斯奈德发表联合声明:财政部和美联储完全达成共识,认为应该进一步完善债务管理政策和金融政策,以使政府成功地调配资金并实现债务最小货币化。长期国债利率随即突破2.5%。整个20世纪下半叶,长期国债收益率几乎再也没有回到2.5%的水平。[1] 1951年4月2日,托马斯·麦克凯辞职,财政部原副部长威廉·马丁接任美联储主席一职。

历经十余载,美联储终于从战时维持国债价格的政治任务中解放了。美国财政部必须学会自力更生,当时采取的方式是债务互换——用2.75%厘息、29年期的非市场国债(1975—1980年偿还)替换1945年发行的2.5%厘息国债(1969—1972年偿还)。为增加其吸引力,投资期内,投资者可自愿在任何利息支付日期的平价基础上将其转换为票面利率为1.5%的5年期债券,还可以享受联邦遗产税优惠政策。一战期间,该政策被用来提高长期债券对投资者的吸引力,因为投资者担心继承人有一天可能会被迫亏本出售资产以支付遗产税。

债务互换延长了偿债期限,降低了流动性,增加了0.25%的溢价。至1951年年底,长期国债利率上升至2.75%。过渡期内[2],美联储仍有支持中长期国债价格的义务,但规模限定在2亿美元,没想到额度3天就用完了。财政部向美联储求助,但遭到了拒绝。

协议达成之后,美联储持有的国债的期限结构趋于短期化,

---

[1]. 1954年有过一次例外。

[2]. 1951年3月26日至4月6日。

用1年以下短期国债替换了1~10年的中期国债，长期国债规模稳步下行。为何美联储此时立场更为坚定？一方面，商业银行一直在减持国债扩充资本金，至1950年年底，5年期以上的国债余额仅为103亿美元，国债占总资产的比重也降到了35%，所以曾经可能影响金融稳定的约束条件显著放松。另一方面，美国国内也就朝鲜战争不扩大化达成了共识。

债务管理政策成败的关键

除了前文提到的原因，二战前后收益率曲线控制政策之所以能落实，关键在于不同数量型货币政策工具的配合，分离了物价上涨和通胀预期，其中通胀预期对于稳定长端利率至关重要。当时货币数量论仍能有效解释通胀（预期）波动，美联储在购买国债的同时也提高了法定存款准备金率，前者增加基础货币，后者降低货币乘数，故M1（狭义货币）、M2增速要显著低于基础货币增速。对于稳定长端利率而言，稳定通胀预期比直接购买长期国债更有效，也更加可持续。所以整个二战期间，美联储10年期以上的长期国债保有率都在3%以下，1944—1947年连1%都不到。1947年后，形势发生了变化。随着物价控制的放松，通胀波动加剧，美联储不得不进行干预。

打破原有均衡的关键变量是通胀预期。一旦通胀预期形成，长期利率上限将面临压力。悖论在于，只有放松利率控制才能遏制通胀预期，但总有一方需要承担利率上行产生的损失，只是这一次轮到了美国财政部。通过债务互换计划，财政部以更高的成本冻结了长期国债市场的流动性,稳定了债券市场秩序。债权人要么降低久期,要么收获更高的风险溢价。美联储终于赢得了独立地制定货币政策的权力。这算得上是一个多赢的局面。只有通胀预期维持低位,债务管理和收益率曲线控制政策才可持续。值得强调的是,本阶段,即便货币政策从属于债务管理,即便美联储依附于财政部和白宫,美联储也提高了法定存款准备金率,压制了市场的通胀预期。

1951年3月3日是美联储的"独立日",协议被认为是现代美国货币和债务管理政策的"大宪章"。FOMC获得了独立制定货币政策的权力,并开始转向采用新的操作思路——通过调节短期利率来控制总需求和通货膨胀。此后,美联储公开市场操作的对象仅限于国库券(或短期国债),货币政策从债务管理中独立了。政府债券的价格交由市场决定。当然,美联储也担保了市场化发行的成功。"债务最小货币化"的要求限制了美联储通过扩张资产负债表的方式稳定国债价格,进而限制了政府"有形之手"无节制花钱的冲动。

再看今朝,美联储在通胀预期管理方面又有什么不同呢?MMT是一种历史的倒退,还是与时俱进?

第 2 章　全球流动性和货币之锚：拆解美联储资产负债表

一次完美的缩表

1951年协议之后，美联储货币政策从战时利率控制转向准备金控制，公开市场操作仅影响到短期利率，中长期利率和收益率曲线内生化。当利率不再是外生的[1]，仅通过资产负债表来分析美联储的行为和货币政策立场就是不充分的，因为价格与数量包含着不同的信息，有时甚至互相冲突。即使在数量型货币政策框架下，美联储也从未放弃对利率工具的使用，两者是并行不悖的。

资产负债表总览（1951—1979年）

1951—1979年，美联储资产负债表相对规模从期初的15%比较平稳地降至期末的6%。20世纪50年代初至20世纪60年代中叶，即使美国GDP平均增速达到4.5%，美联储也没有扩表，资产的绝对规模基本位于500亿~600亿美元，流通中的现金和准备金规模

---

1. 或不再面临零约束。

也基本稳定。但这并不能说货币政策立场是紧缩的，实际情况是在扩张与紧缩之间频繁切换。

在资产结构上，最显著的变化是黄金和黄金凭证占比的下降。影响美联储黄金储备的因素包括：相关法案要求的储备比例；国际收支；利差[1]。1944年布雷顿森林体系确立时，黄金及黄金凭证占美联储总资产的比重达45%。1945年《联邦储备法》规定，美联储持有的黄金凭证不低于高能货币的25%。[2] 1958年12月，欧洲国家实现经常账户自由兑换，布雷顿森林体系的弊端开始凸显。1954年设立"黄金总库"和1969年发行"特别提款权"都是打补丁，无济于事。20世纪50年代末，黄金开始持续流出美国，美国国会在1965年3月和1968年3月分别取消了准备金和联邦储备券的黄金储备要求。1968年后，美国持续出现经常账户差额，进一步强化了人们对美元贬值的担忧。

从1958年到1971年，尼克松关闭黄金窗口，美联储黄金和黄金凭证余额从220亿美元降至100亿美元，占总资产的比重从42%下降到11%，缺口主要由对联邦政府的债权替代，至20世纪70年代末，其占总资产的比重约为70%。1963年前，美联储持有的政府证券结构[3]波动较大，付息债务凭证占比一度超过80%。此后政府证券结构趋于稳定，债务凭证逐渐退出历史舞台，短期和中期国债份额提升，合计占比约90%，长期国债份额始终处在低位。

---

1. 美国3个月期国库券利率对黄金流动有重要影响。

2. 《联邦储备法》第16条规定，黄金储备要占联邦储备券的40%和准备金的35%。1934年1月《黄金储备法案》改为黄金凭证的形式。1945年6月，《联邦储备法》将储备率统一为25%。

3. 含回购协议（Repo）。

美联储持有的政府证券结构，不仅取决于货币政策，还取决于市场化债券供给和投资者偏好。例如，1966年年初通胀升温，长、短端利率开始抬升甚至出现倒挂（附图5）。投资者纷纷降低久期，财政部发行长期国债非常困难，偶尔也会出现短期国债竞拍不足的情况。1966年公开市场操作年报认为："市场的不确定性……证券价格的下行压力，以及持续高企的成本和有限的交易商融资，所有这些因素加在一起，使交易商在今年的大部分时间里不愿维持大量的证券交易头寸……库存的减少限制了交易商参与公开市场操作的能力。"至1969年年末，流通国债的平均期限从5.4年降到了3.7年。1965—1969年，共有263亿美元到期的长期债券被替换为264亿美元债务凭证和中期债券。1976年，在经历第一轮高通胀之后，流通国债久期降到了2.4年。这也是从20世纪60年代中期开始美联储持有的短期国债份额上升的一个解释。

负债结构上，基础货币仍是主体，占比约90%，但从期初到期末，结构有显著变化。准备金的绝对规模基本稳定，占总资产的比重从期初的40%降到期末的近20%。流通中的现金的规模和份额均显著提升，占总负债的比重从1951年的50%提高到1979年的近70%（附图6）。影响居民现金余额需求的因素中，除了资产组合和经济增长，还有支付清算等技术的进步，它会提升现金利用效率，降低对现金的需求。

自由准备金目标（区间）制的确立

1951年协议之后，财政部与美联储的分工逐渐清晰：财政部直接承担债务管理职责,美联储负责制定货币与信用政策,并通过公开市场操作维持有序的政府证券市场。美联储虽然不再直接承担债务管理职责,但如何维护有序的政府证券市场仍是其重要关切,毕竟国债利率发挥着锚的作用,是金融资产定价的基础,货币政策立场仍然需要国债市场发挥传导作用。这意味着美联储需要调节准备金供应,防止利率在财政部发行债券前后大幅波动。

准备金由法定准备金和超额准备金组成。法定准备金在货币统一和美联储诞生之前就存在了,早期主要被用于保障银行券和存款的流动性和可兑付性。实践证明,效果并不理想,银行挤兑仍时有发生。美联储自诞生以来就发挥着"最后贷款人"职能,这降低了用准备金担保流动性的必要性。准备金转而成了货币政策的补充工具。美联储可以用它来调节货币市场融资流动性,将其作为公开市场操作和贴现率的延伸工具,影响货币和信贷条件,实现货币政策目标。在借入准备金机制运行时期,提高法定准备金率可吸收剩余流动性,迫使银行回归贴现窗口借款,从而使贴现率成为硬约束。大萧条后,随着FDIC的设立和借入准备金机制的失效,法定准备金的保险功能进一步下降。但由于它可以影响货币乘数,且与M1保持着紧密的关系[1],所以它仍充当着重要的货币政策工具。

但是对于存款机构来说,准备金就是一种"准备金税",贷款利息就是法定准备金的机会成本,银行会将其转嫁给借款人。

---

1. 20世纪80年代之后,二者关系趋弱。

所以，高法定准备金率也被认为是"金融抑制"的一个表现。

20世纪60年代中期，通胀开始升温，但在"Q条例"规定利率上限的约束下，银行无法提高存款利率，存款开始流失。这激励着商业银行创造新的吸收存款和准备金节约型负债工具，如大额可转让定期存单或欧洲美元存款。由于美联储的会员资格并非强制，部分银行离开了美联储体系，尤其是规模较小的。至1980年，会员银行的交易性存款占比降至65%[1]，这严重约束了货币政策的效力。《1980年存款机构放松管制和货币控制法》要求所有存款机构向美联储缴纳法定准备金。基础法定准备金率为12%，上限为14%，美联储还可以加征4.5%的补充准备金。1990年12月，在认识到商业银行收紧贷款条件之后，美联储将非交易性存款[2]准备金率从3%降到了0，开启了法定准备金的下行通道。2008年金融危机之前，法定准备金余额为410亿美元，比1979年少20亿美元，占总资产比重仅为4%。2020年3月26日，美联储将法定存款准备金率降至0，现有账户中的准备金均为超额准备金，且是付息的——超额准备金利率（IOER）为利率走廊的上限[3]。

由于法定准备金率的调整不是很频繁，其波动更多是内生的。为了更好地观察美联储和金融机构的互动和刻画市场的流动性，我们更应该关注超额准备金或自由准备金（free reserves），后者等于超额准备金减借入准备金。

---

1. 1960年接近85%。交易性存款＝净活期存款＋可转让支付命令账户（NOW）存款。
2. 包括非个人定期存款、储蓄存款以及欧洲货币净负债。
3. 长期以来，为减轻银行负担，应对准备金流失，美联储一直在争取对准备金付息的权利。但是由于这么做会减少美联储上缴给财政部的利润，所以这项提议一直到2006年才获得通过。原计划2011年实施，2008年金融危机爆发将其提前至2008年10月。

20世纪50年代初，美联储确立了自由准备金（或净借入准备金，net borrowed reserves）目标区间制。当经济不景气时，美联储会增加准备金供给，使自由准备金贴近目标区间的上限，反之则使之贴近目标区间下限。例如为应对1953年经济衰退，美联储实施了积极宽松的信贷政策，自由准备金由负转正，刺激了银行信用的扩张，促进了活跃的资本和抵押贷款市场的形成。

调节自由准备金的另一个目的是满足与国债发行相关的交易商融资需求。为此，美联储设定了一个"平稳过渡期"（even keel）——从宣布发行的前一周到交割结束的后一周。此间，系统公开市场账户（SOMA）的规模和自有准备金数量都明显高于其他时期。并且，美联储一般不会在"平稳过渡期"调节政策利率[1]，如贴现率。

问题在于，美联储靠什么创造或吸收准备金以使自有准备金在目标区间内波动？答案需要从资产端和公开市场操作的演化中找寻，这也是（正）回购协议（Repo）[2]复兴的背景。

Repo的复兴

在直接购买受到国库券优先原则的约束时，如何更好地服务实体经济，维持国债市场的秩序，成为FOMC的重要议程。公开市

---

1. 随着政府证券发行的正规化，20世纪70年代后，"平稳过渡期"概念逐渐淡化。
2. 需要注意的是，美联储的正回购与国内的正回购方向正好相反，前者是释放流动性，后者是回收流动性。同理，中美逆回购方向也正好相反，国内是释放流动性，美国是回笼流动性。

场操作面临的权衡是实现最大限度的有效紧缩，但不能妨碍货币和证券市场的有序运转。Repo就是实现这一目标的理想工具，其本质与贴现相同，都是抵押贷款，但前者美联储占主动，后者则处于被动地位。

Repo和直接购买（outright purchase）是互补的关系。前者适用于调节自由准备金的随机扰动或流通中的现金的季节波动，比如每年圣诞节期间，居民的现金需求会陡升，美联储就会提前开展回购操作（图2-1）。后者则适用于调节中长期流动性，如抵消黄金流出产生的流动性收缩，或长期趋势性增长产生的货币需求。在流动性较差的市场，Repo显然也是一种更经济的选择。另一个细微之处在于二者对证券价格的不同影响。直接购买会抬升证券价格，而Repo则不会，因为买卖价格是一样的。所以，Repo既能缓解准备金波动对国债发行产生的负面影响，又能减轻对市场的干预。

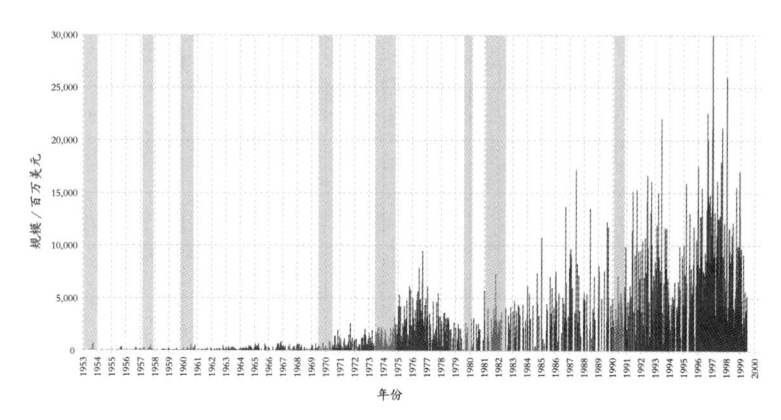

图 2-1　通过 Repo 持有的政府证券（1953—2000 年）

注：灰色色块表示美国国民经济研究局（NBER）衰替阶段。
数据来源：霍普金斯大学，美联储，Wind，东方证券。

美联储建立初期，Repo并未获得《联邦储备法》的明确授权。直到1925年，为了消除市场的不确定性，美联储理事会才明确授权交易柜台开展Repo操作。1936年FOMC成立后不久，成员一致同意开展Repo业务，但贷款期限不得超过15天，抵押品仅限于短期国库券。二战结束前，由于银行准备金充足再加上利率限制，Repo使用量小，频次低，形同虚设。1945年3月，FOMC撤销了这一授权。1947年之后货币市场融资利率提高，但政府证券利率仍然受到管制，交易商购买政府证券的意愿下降。FOMC重启Repo，同意以贴现率向合格交易商提供贷款[1]，其他约束条件基本相同。

1951年协议之后，回购的重要性显著提升，规模和频次都显

---

1. 开始于 1948 年 1 月。

著增加。与直接购买不同的是，Repo不受"国库券优先"原则的硬约束，其约束主要来源于数量（融资方合格抵押品规模）和价格两个维度。缓解数量约束的方式是扩大合格抵押品范围，如增加发行人或延长期限；缓解价格约束的方式是降低回购利率，使其低于货币市场融资利率。

随着时间的推移，FOMC不断放宽这两个维度的限制。数量方面，一是延长证券的期限，如1953年将政府证券的期限延长到15个月，1966年进一步取消了2年期限约束。二是扩大发行人主体，1966年《联邦储备法》修正案将联邦机构发行或担保的债券纳入Repo抵押品范围。[1] 截至1978年年初，SOMA持有的联邦机构债券达到了80亿美元，占政府债务总额的7%。三是增加交易商主体，1975年6月，银行也被授予交易商资格。四是提高单一发行的持有份额，如1972年将SOMA持有的份额提高至发行总额的20%，1975年提升至30%。

价格方面，当贴现率显著是货币市场利率的下限时，回购利率钉住贴现率并无不妥；反之，则犹如将空调温度设在室温以上，达不到降温的效果。1950年春，国库券利率（1.15%）比贴现率（1.5%）低35个基点，使得回购融资失去了吸引力。FOMC同意将回购利率钉住国库券，只要求比最近发行的国库券的平均发行利率高出至少0.125%即可；1953年，取消了到期收益率必须低于1年期存单发行利率的要求；1955年，只要求利率不低于以下两者中的较低者——美联储对合格商业票据的贴现率，或最近发行

---

[1]. 包括联邦国民抵押贷款协会、联邦住房贷款银行和联邦农业信贷银行。1971年9月15日，直接购买的范围也扩大到联邦政府机构证券。

的3个月期国库券的平均发行利率……随着条件逐步放开，Repo融资规模显著上行，年度新增融资规模在20世纪60年代上半叶超过直接购买。

Repo并不是万能的。一方面，Repo只能增加准备金供给，无法吸收准备金剩余。为此，美联储创设了匹配买卖协议（MSPs），用于吸收暂时的准备金剩余；另一方面，维护债券市场秩序需要美联储与财政部加强政策协同，尤其是在货币政策紧缩时期。1957年5月，美联储为了抑制通胀，收紧信用条件。当月有42亿美元中期国债到期，美国财政部计划借新还旧计划失败，再融资缺口达到了12亿美元，只能进行现金交割。经历短暂的平静期后，1958年夏季国债发行再遭波折，美联储宣布市场陷入失序状态，不得不注入13亿美元流动性以免发行失败。事后，美国财政部与美联储开展了联合研究。

在1959年报告中，时任美国财政部部长罗伯特·安德森与美联储主席威廉·马丁认为，债券市场的投机行为根源于投资者对经济衰退还将持续和利率还将下行的预期。投资者跟风投资的一个关键因素，是对政府证券市场当下的趋势缺乏足够的信息，而这又源于政府证券发行的非连续性和不可预测性。财政部在债务管理上推行了一系列改革，比如：规范短期国债的发行；引入26周和1年期短期国债；将中长期国债发行日限定在4个"还款日[1]（refunding dates）"，尽量避免对其他融资主体的干扰，降低企业所得税缴税日货币市场波动，促进美联储货币政策的有效

---

1. 2月15日、5月15日、8月15日和11月15日。

执行。此外，还进一步规范了交易商市场，加强了监督，提高了信息透明度。20世纪60年代下半叶，美联储逐渐放弃了放任自由的态度，开始加强公开市场操作的基础性制度建设，比如1968年记账与电子转账系统投入使用，1969年成立国际债券交易商协会[1]等。这些改革共同推动了20世纪70年代以后回Repo的大规模运用。

扭曲操作兼顾内外平衡

1959—1961年，美国经济增速持续下行，美联储内部就如何在防止黄金外流的同时保持银行体系自由准备金的充裕进行了讨论，讨论的焦点在于内因与外因何者占主导。1931年，美国正深陷大萧条中，美联储为应对黄金外流而提高了贴现率，进一步加剧了信用紧缩和经济衰退。这一次，内因占了主导，扭曲操作成为兼顾内外平衡的工具，因为短端利率关乎国际收支平衡和黄金流动，长端利率关乎实体经济的长期融资成本。

在1960年3月重新审议公开市场操作原则时，FOMC同意除了纠正国债市场的失序，仍坚持国库券优先原则，不将其作为控制收益率曲线的工具。Repo除外，公开市场操作购买的政府证券仍以短期国债为主，目的局限于提供或续收准备金。政府内外对美联储的教条主义给予了猛烈抨击。

1961年2月，约翰·肯尼迪总统对经济形势和政策发表了看

---

[1] 1982年德赖斯代尔政府证券公司（Drysdale Government Securities）倒闭后，交易商协会在修订Repo合同公约方面发挥了重要作用。

法，认为刺激支出要求降低长期利率，降低短期利率不利于国际收支平衡，希望财政部与美联储加强协同，统筹债务管理和货币政策。1961年2月的FOMC执行会议宣告了国库券优先原则的终结，威廉·马丁主张回应外界对美联储教条主义的指控，开放思想，积极开展新的试验。SOMA经理人罗伯特·劳斯提议，先购买1~5年中期国债，再购买更长期限的国债，以及开展期限互换（swaps），即扭曲操作，在出售短期证券的同时购买长期证券。扭曲操作的目的是影响利率结构，而非提供准备金。

劳斯提出了一个购买计划，包含4亿美元15个月到5年的债券和1亿美元5年到10年的债券。FOMC几乎没有讨论就批准了劳斯的提议。截至1961年年底，SOMA账户的债务凭证减少了38亿美元，中期国债增加了40亿美元，长期国债增加了13亿美元[1]。

从1961年年底的市场状况来看，FOMC达成了预期目标，既向银行系统提供了充足的自由准备金，又调整了利率的期限结构。3个月国库券利率维持在2.25%以上，即使经济开始复苏，长期国债收益率仍维持在4%左右。埃里克·斯旺森检验了本次公开市场购买对利率期限结构的影响：3个月国库券收益率上升12个基点，10年期国债收益率下降15个基点，期限利差收窄了27个基点。FOMC认为，国库券优先原则限制了货币政策的实施，应采用更加灵活的政策应对新的问题。马丁虽然没有正面承认旧教条的缺陷，却高度认可本次实践的效果。当然，过程中也暴露了不同期限政府证券的流动性问题。

---

1. 其中，债务凭证和中期国债的变化是美联储参与财政部再融资和开展公开市场操作的共同结果。

第 3 章

中国一路狂奔：
从迷失货币到流动性过剩

从1949年到1976年，中国并不具有独立的商业银行，中国人民银行同时履行央行和商业银行的职能。从贷款存量和存款存量的关系来看，贷款发放也同时担负保证高度集中的计划经济体制下国营企业的有效运转和现金投放的双重职能。伴随着国民经济的快速恢复，金融机构的各项贷款和存款规模也迅猛增长。

在这段时间里，信贷计划和财政预算是国民收入分配的主要形式，银行信贷处于从属的地位。通过综合信贷计划的编制和实施，央行集中控制了全社会的信用规模。同时，严格的信贷、现金收支管理对治理这一时期曾经出现的三次严重通货膨胀发挥了重要作用，实体经济取得了不错的成绩。如图3-1和图3-2，1952—1978年我国GDP年复合增长率达6.40%，1978年GDP为1952年的5.37倍，而同期各项贷款余额（可被近似看作社会融资总额）增加到了17.13倍。至1978年，各项存款/GDP仅为45.57%，各项贷款/GDP仅为66.23%。随后中国进入了伟大的改革开放时代，这也正是本章剖析的中国货币流动性演化路径的重点时段。笔者将中国货币流动性演进大致划分为四个阶段。

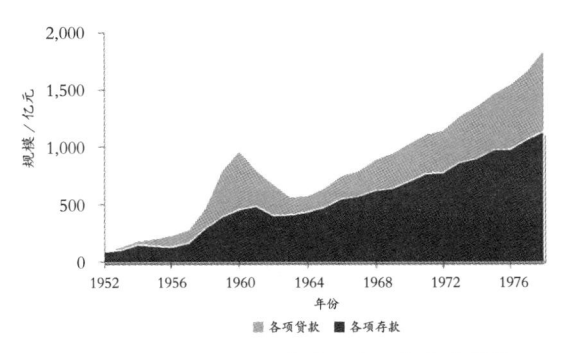

图 3-1　1952—1978 年我国金融机构存贷款

数据来源：CEIC。

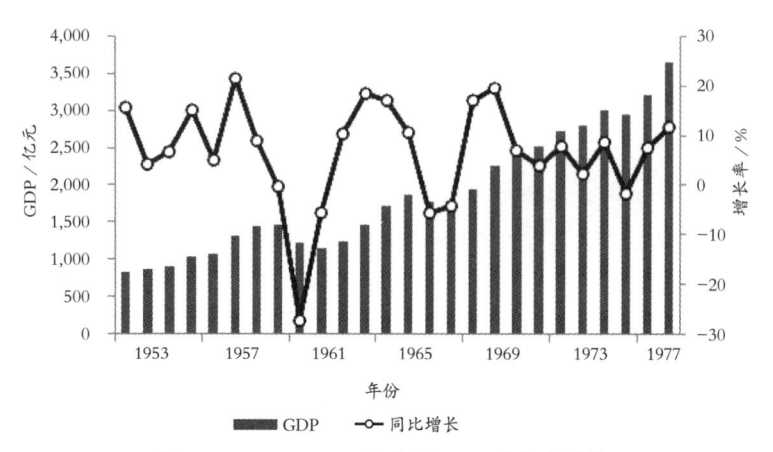

图 3-2　1953—1978 年我国 GDP 及同比增长

数据来源：CEIC。

第一阶段，1979—1991年——经济货币化，1978年12月18日至22日召开的党的十一届三中全会为改革开放奠定了政治基础，因此人们亦将次年即1979年看作货币流动性变革的元年。这一阶段，原来的计划经济和配给经济被货币交换和商品贸易全面替代，迅速扩大了对货币的需求（图3-3、图3-4）。

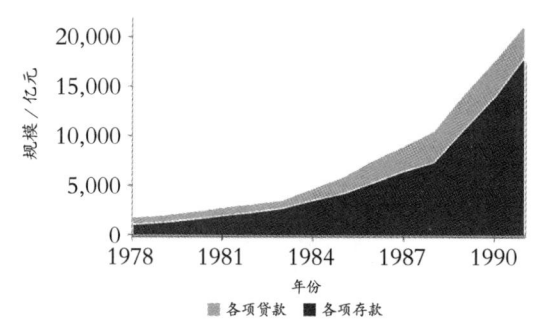

图 3-3　1978—1990 年金融机构存贷款

数据来源：CEIC。

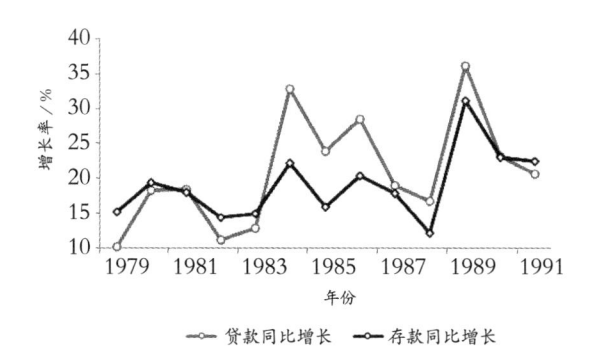

图 3-4　1979—1991 年金融机构贷款及存款同比增长

数据来源：CEIC。

第二阶段，1992—1997年——资产资本化，一个标志是上海和深圳股票市场的建立[1]，股票和债券市场的"合法化"标志着中国资产资本化的正式起航。另外一个标志则是房地产市场。1998年7月，国务院发布《国务院关于进一步深化城镇住房制度改革加快住房建设的通知》，宣布从同年下半年开始全面停止住房实物分配，实行住房分配货币化，中国就此正式进入波澜壮阔的房地产经济拉动时代。

第三阶段，1998—2005年——继续资产资本化和资本泡沫化。1998年央行取消对国有商业银行的贷款限额控制，实行资产负债比例管理和风险管理。商业银行释放流动性的大门已经打开，紧随其后的入世、股改、大型国有企业上市，以及历年对外

---

1. 中国证券交易自动报价系统（STAQ）1991年7月正式运营，中国出现了集中性撮合成交的国债交易市场。在短短的一年时间内，在上海证券交易所交易的国债已经达到了较大的规模，迫使全国各地的国债柜台交易价格逐步向上海证券交易所场内的国债成交价靠拢，从而形成了"上海证券交易所场内国债成交价格牵引场外国债成交价格"的国债市场价格形成机制。

"双顺差"积累起来的天量外汇储备,短短几年时间内,国际、国内的流动性配合基本面、政策面让中国在从资本化到泡沫化的道路上一路狂奔、无暇他顾。

第四阶段,2005—2011年——泡沫全球化和同步化。随着2005年人民币对美元再次升值窗口的打开,以及随后的全球泡沫的同步升腾与跌落,危机迅速经历了第一波(2007年)、第二波(2010—2011年)、第三波(2012—2014年),全球资产波动存在高度的同步性。目前全球经济和金融市场仍然在挣扎求生。

经济货币化

1979—1991年这段时期里，中国金融的高速增长（主要表现为贷款和存款的高速增长）与商品货币化进程是有密切关系的，改革开放后从计划经济制度向市场经济制度过渡期间，在制度变迁尚未完成的情况下，政府通过"承包""放权让利"等物质刺激的形式，引起投资膨胀和个人收入的高增长，产生对货币供给快速增长的要求。货币发行量增加，货币供应相对丰裕，由此推动了中国经济高速货币化的进程。原来的计划经济和配给经济被货币交换和商品贸易全面替代，这迅速扩大了对货币的需求。

一方面是企业投资的高增长，另一方面是城镇居民、农民收入的高增长、高储蓄，社会责任投资基金和消费基金在软预算约束下双双膨胀，非国有部门的扩张也产生了对资金的需求，资金成为改革和发展中最稀缺的资源，金融规模的扩大成为这一过程的结果。

1984年是商品市场货币化时期的分水岭。一方面，1984年中央银行制度建立后，从1985年开始，全国银行实行"统一计划，划分资金，实贷实存，相互融通"的信贷资金管理办法，这一办法的核心内容是"实贷实存"，即所有专业银行在中国人民银行开立存款账户，中国人民银行与专业银行的资金往来由计划指标分配改为借贷；另一方面，开始行使央行职能的中国人民银行仍旧保留有商业银行放贷的职能。对专业银行随意透支，中国人民银行又缺乏控制手段，这导致了改革开放以后的第一次流动性失控，1984年贷款总量迅速增加，1985年发生严重通货膨胀。

商品市场货币化使得价格改革成为这一时期的主线。1979—1984年，商品市场吸收了大量超额货币供给，迅速实现了第一轮的货币化进程，而通货膨胀却没有出现。1985—1991年，从"价格双轨制"到"价格闯关"，中国商品市场货币化过程开始减速。市场秩序的混乱导致了超额货币供给并没能被微观主体固定在实体经济发展上，反而由于商品短缺导致了市场投机氛围的加重，超额货币供给进一步推动了轮番升高的通货膨胀。1984—1988年，国民收入增长了70%（按现价计算增长了149%），而全社会固定资产投资增长了214%，城乡居民货币收入增长了200%，社会总需求超过了总供给，潜在的通货膨胀压力巨大。在1988年"价格闯关"失败的抢购风潮中，脆弱的商品总供给在庞大且增速迅猛的总需求面前不堪一击（图3-5）。当年一位北京的消费者这样描述："我到前门大栅栏的一家电器商店时，所有电器都已经被抢光了，就剩下一台没有门的冰箱，售货员对我说：要买赶紧买，不买一会儿就没了。"据国家统计局统计，1988年8月，扣除物价上涨因素，商品零售总额增加了13%，其中粮食增销30.9%，棉布增销41.2%，电视机增销56%，电冰箱增销82.8%，洗衣机增销130%。说来也有意思，这场在当时令政府头痛不已并直接导致当年"价格闯关"失败的抢购风潮，恐怕是现在的政府和企业做梦都想要的。

流动性的两次突飞猛进并未解决商品市场货币化的问题，最终这个问题的破解是在1992年。1991年年底，国家物价局和国务院有关部门管理的生产资料和交通运输的价格有737种，1992年放开了648种。与此同时，对农产品和其他工业品的收购价格也大踏步地放开：1991年年底，国家管理的农产品收购价格有60种，1992年放开了50种；轻工产品除了食盐和部分药品等个别品种，也大都放开了。

纵观这一时期，流动性的魔瓶已经开启，尽管商品市场的货币化吸收了大量的流动性，但贷款和存款仍以惊人的速度增长，且远远高于实体经济的增长速度，GDP复合增长率为7.22%（图3-6），而同期贷款余额复合增长达到了22.60%。本阶段一个重要的特点是金融抑制条件下导致的全国范围内的鼓励存款，并以较低的融资成本放贷给国营企业。一边是将前一阶段货币化进程中释放到民间的货币量以较低成本收回到货币当局可控的银行体系之内，另一边是不顾资金效率地将所吸收的资金输送给需求巨大的国营企业，投资过旺与倒逼机制下的货币供给量飙升，导致了这一阶段出现了改革开放之后最大的一次通胀。

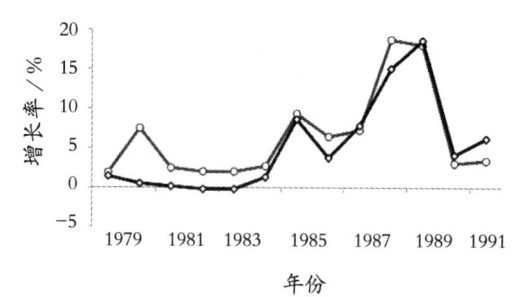

图 3-5　1979—1991 年 CPI 及 PPI 同比增长

数据来源：CEIC。

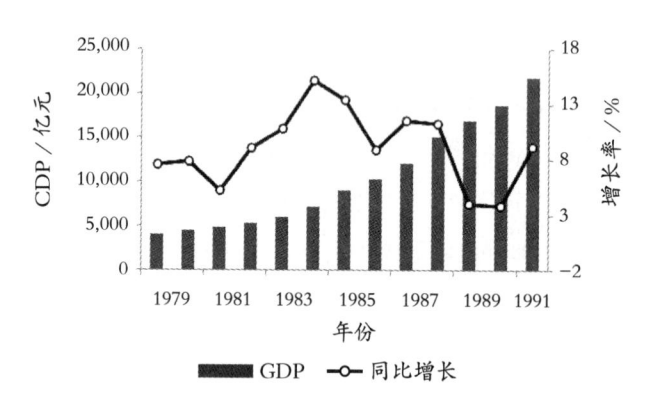

图 3-6　1979—1991 年 GDP 及同比增长

数据来源：CEIC。

从货币化到资本化的过渡

相对商品市场的货币化，更重要的则是要素市场的货币化进程。随着要素市场的货币化进程的开启，中国正式进入资产资本化时代。从货币化到资本化的过渡，其核心标志有两个：一是两个证券交易所的建立（1990年），这使得大量的实物资产资本化为股票和债券等金融资本形态；二是房地产市场的建立（1998年），房地产建筑本身是实体经济的组成部分，但土地的资本属性在交易中得到了前所未有的体现。这两个市场以天文量级的规模吸收货币供应和流动性。迄今为止这个阶段仍然没有完成，例如资源价格体系改革还没有完成，水电煤价格、能源和矿藏资源等还没有完全市场化或者资本化（当然，还有大量土地待价而沽）。

进一步看这个阶段，就不仅仅是经济货币化这么简单了，它所具有的新经济特征体现在两个方面。一方面，货币转变为资本，在货币本身功能的进化过程中，它对于经济的影响越来越大，但影响渠道反而变得越来越隐秘。在仅有实体经济的中国的1979—1992年（以及1949—1978年的计划经济时期），才是纯粹的市场经济史前时期，这时货币数量论确实可以派上用场——中国人民银行对货币投放曾总结出1∶8的经验规律，即如果现金流量与社会商品零售总额保持1∶8的比例，那么货币流通和物价水平就是正常的。但随着经济、金融改革的深化，货币量与社会商品零售总额之间的关系不再呈现简单的关系，这一货币供应模式逐步退出了历史舞台。

在这一时期，"中央银行—商业银行"的金融体系最终确立，同时货币流动性也发生相应改变：1993年，中国人民银行获得权力通过公开市场业务和调控银行准备金来执行货币政策；1994年9月，中国人民银行宣布了货币供应量的层次划分标准，并将各层次货币量均纳入监控范围，中国人民银行以货币供应量为中介目标、以超额储备和基础货币为操作目标，逐步成为现实；1994年10月，中国人民银行开办再贴现业务；1995年，中国人民银行一、二级分行停止办理中央银行贷款，中央银行贷款由总行集中控制，四家国有专业银行完成了向商业银行的转型；1996年4月，中国人民银行正式开展本币公开市场操作。中国人民银行在这一时期调控政策的目标变量发生明显转向，即使注意力焦点逐渐从M0和信贷规模转向了M2，并开始通过再贷款、再贴现和公开市场操作，控制基础货币的增长。在不断使用适应中央银行体制的间接调控工具的同时，央行开始逐渐放弃对信贷规模的指令性计划管理。经过调控期通货膨胀率与GDP增长率的同时下降之后，中国经济在1996年实现了软着陆。

这个阶段出现了一个有趣的命题——"失踪的货币"（missing money）。它是指这样一种经济现象：货币供应量的增长远高于

GDP的增长速度，却没有引来上规模的通货膨胀（图3-7、图3-8、图3-9、图3-10）。传统货币数量说认为，物价水平的高低和货币价值的大小为一国货币数量的多少所决定：货币数量增加导致物价正比例上涨，而货币价值则随之反比例地下降；反之，货币数量减少，物价也正比例地下跌，而货币价值则随之反比例上升。笔者认为：在中国货币化进程大致完成之前，所有基于货币数量论的研究框架都是存在天然缺陷的，而由此引起的所谓"失踪的货币"或者"流动性短缺"的论调，从某种意义上讲只是一个伪命题。货币化进程完成之前，尚未被货币化的子市场流动性是短缺的，"失踪的货币"只是去填补了其中的空白部分。而当每个子市场的空白被逐一填补以后，"失踪的货币"就突然纷纷再度现身，冲击CPI和资产价格，形成普遍的"流动性过剩"，特别是在2008年金融危机前夕和2009年反危机一直到现在的非常时期。因此，"失踪的货币"和"流动性过剩"在中国经济中同时存在，主要原因之一就是中国长期处于金融抑制条件之下。

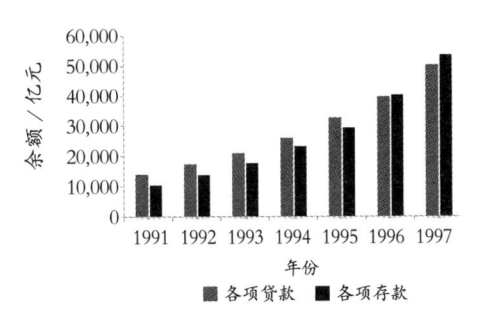

图 3-7　1991—1997年金融机构存贷款余额

数据来源：CEIC。

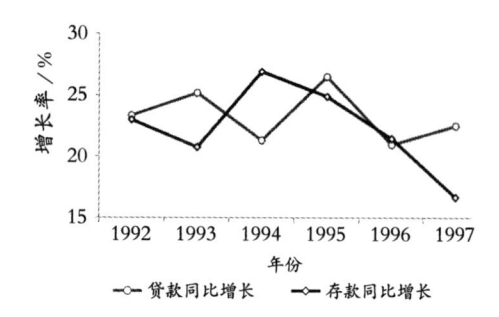

图 3-8 1992—1997 年金融机构贷款及存款同比增长

数据来源：CEIC。

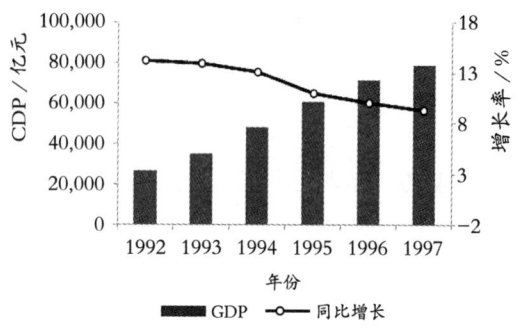

图 3-9 1992—1997 年 GDP 及同比增长

数据来源：CEIC。

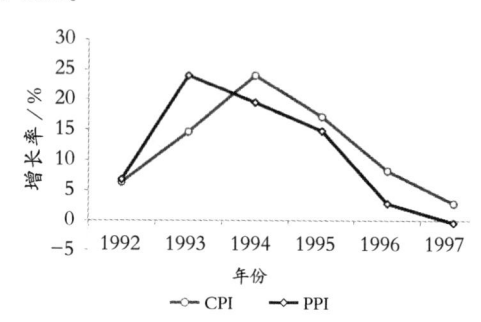

图 3-10 1992—1997 年 CPI 及 PPI 同比增长

数据来源：CEIC。

1994年1月1日，人民币官方汇率与外汇调剂价格正式并轨，中国开始实行以市场供求为基础的、单一的、有管理的浮动汇率制。在并轨之前，汇率实际存在三种价格：计划内价格、调剂价格和计划外黑市价格。当时调剂价格和计划内价格差距很大，美元兑人民币的计划内汇价是1∶5.7，而调剂价格则一度达到1∶10甚至更高。在这种情况下，外贸企业基本上都不愿意将外汇卖给商业银行，而愿意通过外汇调剂市场出售外汇，最终导致企业外汇储备多而官方外汇储备不足。为了增加外汇储备，政府推行汇率并轨和强制结售汇制度，实现了外汇从企业到商业银行再到央行的集中，央行持有的外汇储备不断增加，官方汇率则直接与调剂市场汇率并轨，定为1∶8.7（图3-11）。

图 3-11 国际收支总差额与外汇储备

数据来源：CEIC。

从快速资本化到资本泡沫化

在东南亚各国备受金融危机冲击并引发货币贬值、资本外逃的时候，中国亦进入了改革开放以来的第一次通货紧缩时期。这次通货紧缩与亚洲金融危机导致的出口需求减少和激烈的国企改革引发的大规模失业有关。

在此期间，央行不断做着努力，试图使中国经济走出物价持续下降的困境（图3-12、图3-13、图3-14、图3-15）：1997—2002年7次降息，存款准备金率由8.28%降至1.89%，再贷款利率由10.62%降至3.24%，一年期存款利率由7.47%降至1.98%，一年期贷款利率由10.08%降至5.31%；1998年3月21日，央行将金融机构的"缴存中央银行一般性存款"和"备付金存款"两个账户合并为"准备金存款"，并将存款准备金率由13%下调到8%，1999年11月21日又下调至6%；1998年、1999年通过公开市场操作，分别增加基础货币701.5亿元和1919.7亿元；通过"窗口指导"和调整信贷政策来引导商业银行加大信贷投入。

图 3-12 存款准备金利率

数据来源：CEIC。

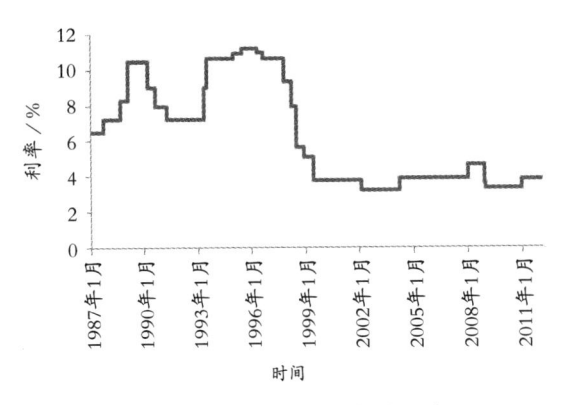

图 3-13 再贷款利率（1 年期）

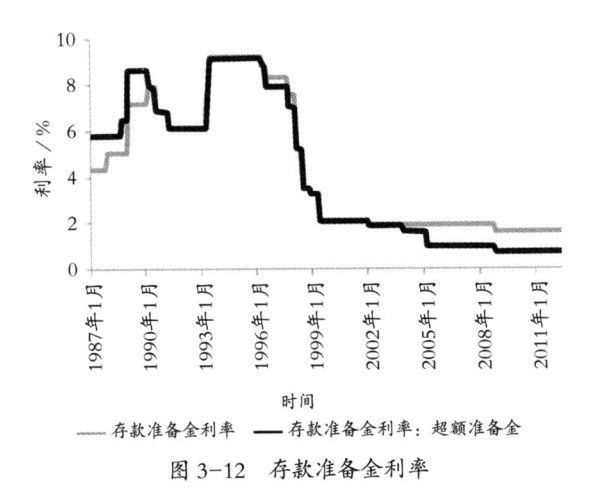

数据来源：CEIC。

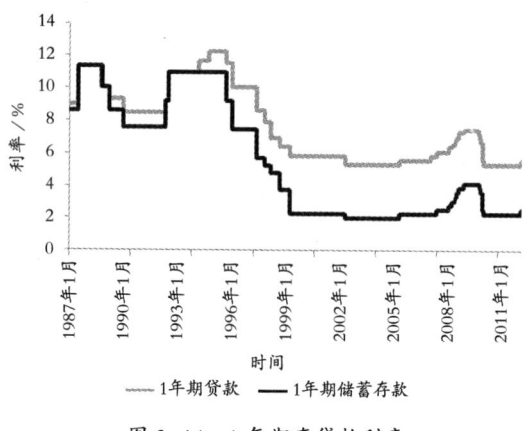

图 3-14　1 年期存贷款利率

数据来源：CEIC。

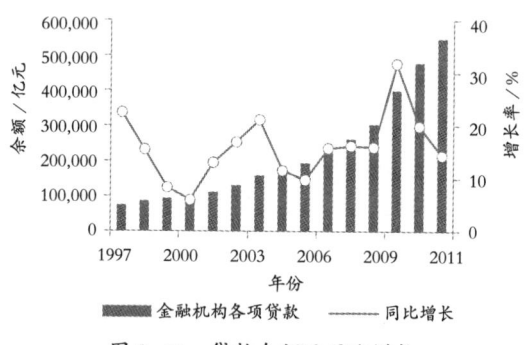

图 3-15　贷款余额及同比增长

数据来源：CEIC。

但央行的货币政策对通货紧缩并未产生明显效果，特别是1997年后贷款同比增速连续4年下滑，表明央行间接调控对通货紧缩并不是非常有效的手段。这个判断在目前也是很有价值的。

当时的一个热点问题就是如何拉动或者说刺激民间投资，答案是中央政府通过持续积极的财政政策和宽松的货币政策拉动基础设施建设，保持经济增速。同时，政府开始大力推进土地要素资本化和房地产商业化，这迅速地推动了土地资产资本化的进程，并逐渐形成了经久不衰的中国增长模式：城市化—房地产—土地财政—基础设施建设—融资平台—商业银行。这是昨日繁荣的根源，亦是今日困境的渊薮。

货币方面，当基础货币成为央行的目标变量后，信用货币制度下货币扩张的力量被释放出来，同时亦成为绑架央行的第一根绳索。经济的高速增长和要素货币化，都需要吸收天文量级的货币供给。一开始，货币是由货币当局自主投入的，货币增速缓慢上升。在2001年中国加入WTO后，全球化红利很快滚滚而来。在2002—2003年，中国货币供应开始狂飙突进，M2在2011年为1998年的8.15倍（13年），年均复合增长率17.51%；若放大至更长周期，2011年的M2为1985年的163.80倍（26年），年均复合增长率达21.67%（图3-16）。反观同时期日本和美国的M2增长率，都远远低于中国，特别是1998年以后，日本的M2增长率基本在3%以下，而美国的M2增长率在6%上下波动。

一方面是全球化贸易盈余，另一方面是海外直接投资，混杂其中的则是赌中国资产升值和货币升值的热钱，结果就是外汇占款和外汇储备的飞速增加（图3-17）。

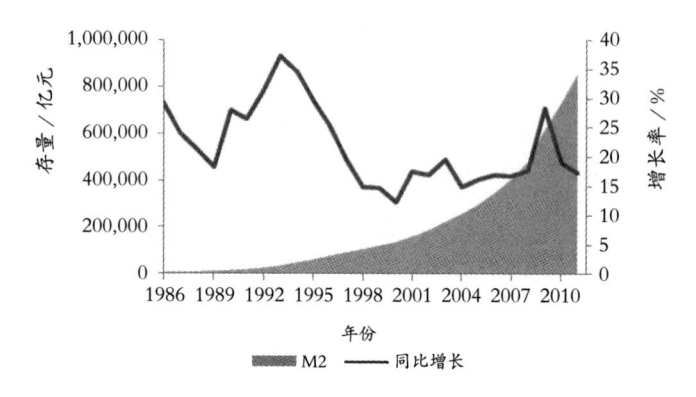

图 3-16 M2 存量及同比增长

数据来源：CEIC。

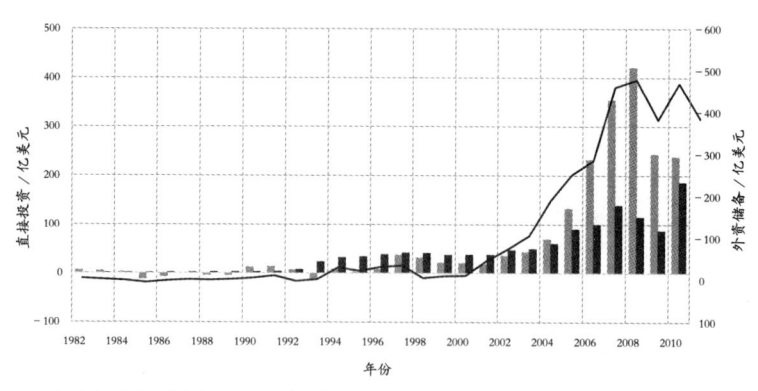

图 3-17 外商直投、经常账户盈余及外汇储备增量

数据来源：CEIC。

高潮来临：泡沫全球化的同步升腾与跌落

戏剧化的高潮就是2007年危机的来临。那仅仅是危机的第一波：资本开始大规模过剩，这些资本或者已经通过跨国公司的转移定价回到了母国的金融体系，或者还潜伏在中国高达3万多亿元的外汇储备（已经兑换成了人民币）乃至其他贸易国的盈余中。不管你叫它们热钱还是FDI，追逐高利润是它们的本性，对冲基金和投资银行不过是它们的代理人而已。越来越多的资本变得流动起来，也就更加危险起来，这些流动性旺盛的资本进入任何一个地域或者领域，都会带来金融市场和实体经济的巨大波动。如同卡尔·马克思所预言的那样，在全球化过程中，全球性资本的相对过剩逐渐兑现，总危机也慢慢靠近。但马克思猜到了开始，却没有猜到结局——危机最后竟然会通过金融创新泡沫破灭的形式爆发出来。

对一般性产品的需求已经无法满足全球资本对高额利润的要求，同时美元流动性又在不断被注入市场，对美元贬值的预期和广义套息资本将全球资产价格在2007年推向巅峰。2005—2006

年，过剩的资本除了推动美国地产繁荣，还流入大宗商品市场投机基本金属和石油，导致大宗商品价格暴涨。而石油价格的快速上涨又使得用生物燃料来替代石油变得急迫，从而推动粮食和农产品价格一起上涨。实际上，资本去到这些领域还有一个更重要的原因，就是抵御美元的贬值。根据摩根大通的美元名义有效汇率指数，2003年美元贬值幅度高达8.88%，原因之一是美国巨额的贸易赤字和财政赤字引发了投资者对美元爆发危机的担忧。投资者认为，美国可能难以吸引足够的外国资本来弥补其巨额经常项目赤字，由此美元贬值的压力持续加重。另外，美元与欧元、英镑、加元、澳元等货币存在较大利差。2003年6月，美联储再次减息，将联邦资金利率降至40年来的最低水平1%，并称在相当长的时间内不会加息，而欧元的利率为2%，英镑的利率为3.75%，加元的利率为2.75%，澳元的利率为5.25%，持续存在的利差导致外资流出美国金融市场。利率差引发的大规模套息交易使得日元和美元成为做空的主要内容，而这就使得美元汇率指数一直在下跌。当美国试图通过温和升息来提高美元汇率和降低石油价格，寄希望于微调使经济软着陆，逐渐纠正自己的错误，并认为最坏不过是经历一场常规的减速时，没想到引发的居然是全球失衡的最终调整。

进入2011年后，欧元区主权债务危机再次爆发，美国、日本的主权债务评级也被顺次下调，经济增长显著放缓。市场终于发现危机其实从未远去，全球经济与其说处于"二次探底"的边缘，不如说正面临危机第二波的冲击。由此，泡沫破灭的整个演化路径也就变得日益清晰。第一阶段是私人部门资产负债表的崩溃，迅速去杠杆过程导致其突然死亡。泡沫破灭之后是虚拟财富消散（金融资产价格泡沫破灭）、产能消灭（企业破产、失业和"牛奶倒入河流"去库存）和资本修复的低潮阶段。各国政府力图避免周期的痛苦，在凯恩斯主义指导下，积极的财政和货币政策大力救市，但总量刺激特别是货币刺激对于解决全球化形成的失衡问题以及根植于各经济体内、多年积累的结构问题帮助有限。于是两年后，即第二阶段，反危机时迅速扩张的公共部门的资产负债表在放缓的经济增长环境下不断遭到各评级机构和市场的质疑，并被对冲基金所攻击。这使得它们在经济增长和去债务杠杆之间更加难以找到结合点，进而陷于评级下降、再融资成本高企、经济下滑和国内政治混乱的漩涡中难以自拔。这种刺激不仅仅局限于欧洲国家，美国、日本、中国都有各自的症状表现，不巧的是，由于大部分欧洲国家使用的是同一种货币，南部国家不能通过汇率贬值分化来重新获得竞争力，因此危机的第三阶段——货币体系危机——也就接踵而来。投机者会钉住并攻打，力图撕裂欧元，如同他们在1992年对欧洲货币体系所做的那样。未来很长一段时间内，欧洲仍将在泥潭中挣扎，前途并不明朗。

以全球视野综合考察各国的表现（包括铜，都是高风险类资产），可以清楚地发现这种相互挂钩的同步性及其持续性：新兴市场、发达市场、大宗商品市场、股票市场的趋势和波段居然是类似的，特别是2008年金融危机以来，不同之处可能仅仅在于弹性、波动率和细微的时间差别。国际资金对金砖国家股票市场的配置及各国股市的收益率的高度趋同性，正说明了这一点（图3-18）。这都说明，国际资本的流动驱动了各类风险资产价格的起伏。当然,驱动资本流动的内在原因与复杂的国际政治经济形势依然保持高度相关。简单地来看,始于2008年年底结束于2010年3月的第一轮量化宽松驱动了2008年以来的第一波新兴市场行情;2010年4月市场开始预期第二轮QE,到当年11月正式实施,推动了2010年下半年的行情;而欧债危机影响下的再一次全球救援,推动了新兴市场2012年第一季度又一波的反弹行情。这说明全球资产价格可能受到一种更为基本的力量或者说相同的交易结构驱动。因此,用全球大类资产配置的眼光来重新审视A股市场的涨跌趋势变化,是分析未来市场价格变动所必需的工作。

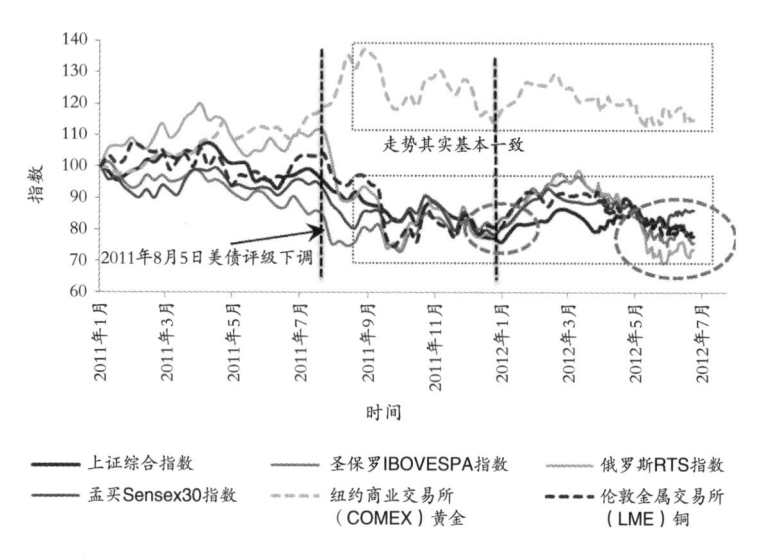

图 3-18 金砖国家股票指数与黄金及铜期货价格走势

数据来源:Wind。

第3章 中国一路狂奔：从迷失货币到流动性过剩

进入2011年，随着全球经济增速放缓和欧债危机避险情绪上升，流入新兴市场高风险资产的热钱不断减少，中国外汇占款随之下降，人民币升值亦戛然而止（图3-19、图3-20）。因而中国的货币自主性可以更强，从而产生一个较为中性的货币环境。但是从短期来看，外汇占款这一主要货币投放渠道的抽离使得中国的流动性情况变得比较紧张。笔者用贸易顺差、FDI、外汇储备的收益以及EPFR公司[1]的外资配置数据对外汇占款进行了一个简单的拟合，发现如果滞后一期的话，拟合效果其实要更好一些，这可能是由于实际资金的结算可能会有一定的时滞。那么考虑到贸易顺差的收窄和EPFR公司数据的走势，笔者认为，从中期来看，其波动的中枢会出现大幅度的降低（2001年10月至2011年9月外汇占款的月度数据的波动中枢一直保持在2000亿元以上）。这意味着，中国经济流动性又将面临一次短缺风险。

宏观流动性对各种资产价格的影响是深远的，即便是遵循最简单的相对定价市盈率分析框架P=EPS（每股盈余）×P/E，或者DCF（自由现金流贴现法）的V=EPS/（1+r）框架，权益资产价格的推动因素不外乎盈利或者估值。流动性不仅仅是从估值角度推动了资产价格，对EPS方面也有巨大影响，例如属于上游资源企业的有色煤炭，属于资产密集型企业的房地产，以及属于高杠杆率企业的银行，哪一个的EPS大部分不是由流动性堆积出来的？流动性的减少对资产价格的打击是多重的。

---

1. 基金流动与分配数据方面的业界领先公司。

图 3-19　外汇储备增量

数据来源：CEIC。

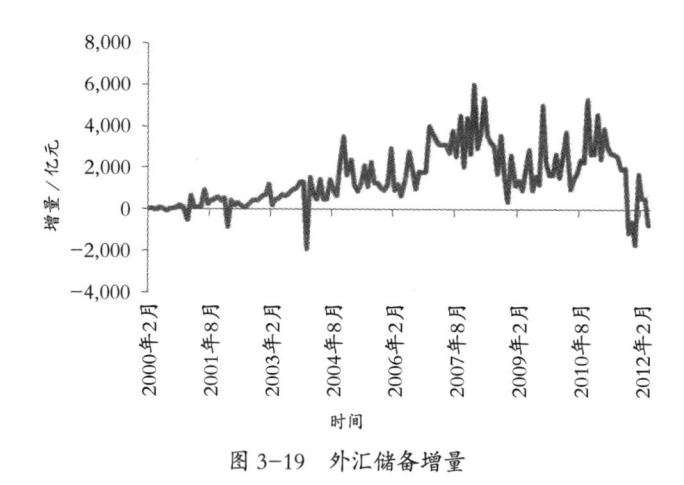

图 3-20　进出口同比及贸易差额

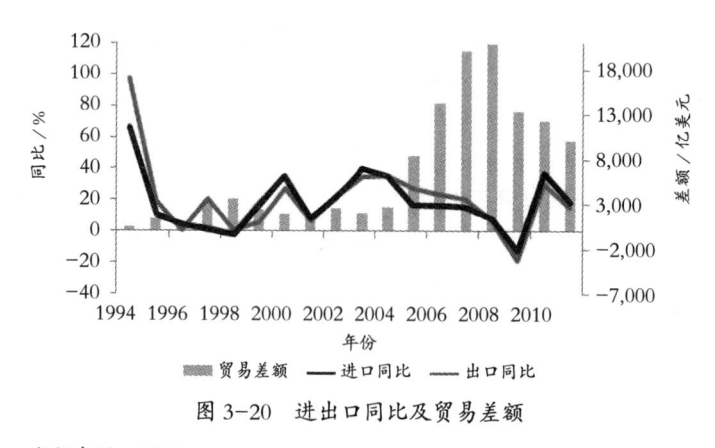

数据来源：CEIC。

好消息是中国的货币供应终于由被动转变为主动，不用再仰人鼻息。但坏消息是，2008—2009年，世界见识了中国自主货币创造的能力和所带来的竞争压力。如果货币当局有这个教训在先，那么一个较中性的货币增长，例如GDP+通货膨胀（9%+4%=13%左右）应该是未来一段时间的一个常态。这意味着什么？这其实就是转折点，大变革时代就要来临了。展望未来，中国流动性的供给机制（从外汇占款到再贷款、以中国国债为基础的公开市场操作）和供给水平（从22%到14%）都会有重大变化发生，十余年主动加被动（存在"善意"的忽视）的流动性盛宴可能就要谢幕。这涉及经济发展模式的改良、货币供应方式的调整、资本管制政策的调整、人民币国际化的布局，以及资本市场投资理念和风格的转变。转型、脱钩和去杠杆化成为未来一个时期的题中应有之义。

笔者认为：对内来看，货币中性环境更有利于驱动经济转型，一个泡沫狂飙的时代就要过去，投资者也需要调整心态，只有重新回到实体经济增长的源头上来，成长才能得到保证，这些四散的资本才会重新聚拢过来。铅华洗尽，价值投资——一个真正的慢牛时代可能来临。对外来看，中国必须对有限的外汇储备做更有效的配置，否则目前的收益将很快淹没在日益充沛的外围流动性投放的大潮之中，如同阳光下逐渐融化的冰棍。这些中国人40多年来血汗积累的财富，应该被用来获得全球货币竞争锦标赛的门票，同时成为人民币国际化过程中保驾护航的航母战斗群。

第 4 章

金融抑制与中国金融改革下半场

第 4 章　金融抑制与中国金融改革下半场

从金融抑制到金融深化

改革开放以来，随着经济市场化的推进，中国金融抑制环境明显改善，但金融抑制水平在国际上仍处于高位。目前，中国已迈入中等收入国家行列，金融抑制对经济增长的净效应可能转变为负，消除金融抑制成为经济转型的必要条件。

为此，必须通过经济市场化的"三步走"，即平衡财政收支、改革资本市场及放松对银行的管制和担保，实现金融深化，实现汇率的市场化和外汇的可自由兑换，从而消除要素市场的分割状态。东亚模式成功的原因之一就是遵循了"三步走"的金融市场化次序，但"三步走"之间是一种嵌套的关系，并非上一步完成后再进入下一步。

比较二战后不同经济体——东欧、苏联、拉美、日本等转型的经验或教训会发现，经济的市场化（或自由化）应遵循一定的次序，不同的经济发展水平要求与之相适应的金融深化程度和金融市场效率。

金融的角色

计划经济时期，中国并没有一般意义上的金融。央行发挥着财政的出纳的作用，商业银行被看作中国人民银行的分支机构，替财政拨款。这种状态直到1983年9月17日《国务院关于中国人民银行专门行使中央银行职能的决定》颁布之后，才逐渐转变。

但直到今日，中国的金融市场仍有计划经济的底色，这集中体现在金融在投资驱动和出口导向的工业化战略中发挥的作用上。它不仅是中国的特色，也是以日本为代表的东亚模式的特色。

在《政府、市场与增长：金融体系与产业变迁的政治》一书中，约翰·齐斯曼从金融市场结构的视角考察了一个国家执行产业政策的能力。他将金融体系分为三种类型。

第一种是以资本市场为主导，发行股票是企业进行长期融资的主要方式，银行更多的是提供短期融资。这种类型以英国和美国为代表，是市场经济的典型。

第二种是以银行信贷为主导，相对于政府控制资金的价格和分配，资本市场只发挥有限的作用。法国、日本和中国都属这种类型。

第三种也是以银行信贷为基础，但金融机构可以自主支配资金和定价，政府较少干预。这种类型的代表是德国。

在第一种类型与第三种类型的金融体系中，市场在金融资源配置中起决定性作用，但在第二种类型中，非市场力量起决定性作用。

阿瑟·克罗伯认为，东亚后发国家为了追求全面的产业发展战略，尽快获取经济增长、实现技术自主、提升国际竞争力，形成了对配置型金融体系的依赖。其基本特点包括：以银行为主的金融结构、以利率管制和资本管制为代表的金融抑制、高储蓄率、汇率低估等。

这种金融体系的优点是可以集中资源发展重点产业，正如西达·斯考切波所说的："就一个国家创设或强化国家组织、雇用人员、凝聚政治支持、补贴经济企业和资助社会项目的现有能力（及潜在能力）而言，该国筹集和部署金融资源的手段所能告诉我们的，超过任何其他单一要素。"

以银行间接融资为主导，国有银行为主体，是中国金融结构的一个特色，利率管制与信贷控制和配给是货币调控的基本内容。对于后发国家来说，一个重要的发展瓶颈就是资本积累不足，这也是新中国成立尤其是改革开放以来经济建设面临的重要难题。

周恩来总理在《关于发展国民经济的第二个五年计划的建议的报告》中说："国家建设规模的大小，主要决定于我们可能积累多少资金和如何分配资金。"在1957年第一届全国人民代表大会第四次会议上，著名经济学家马寅初发表了"新人口论"重要演讲，认为"我国最大的矛盾是人口增加得太快而资金积累得似乎太慢"，主张把人口控制起来，进而降低消费比率，增加资金积累。

可以说，这是新中国成立70多年来制定金融政策的重要逻辑，无论是积累还是分配，都要为四个现代化服务。从这个角度也就可以理解，为何中国资本市场发展和金融开放相对滞后，为何消费在总需求中的比重难以提升。

要想实现技术赶超和自主，就得先向国外学习，这就需要向国外购买技术，但问题是缺美元。所以，如何积累外汇储备也是当时政策制定者关心的问题。

显而易见，要想挣美元，就得出口。要想多出口，就得使出口商品有竞争力，而当时的中国，只能靠低价策略。这就需要降低商品的成本和国际价格。商品成本的一大构成就是资金成本，这又得靠利率管制解决。因为在资金短缺的情况下，如果再由市场来决定利率，利率必然是较高的。

即使在今天，考察温州民间借贷利率和银行贷款利率的差距，也能发现10百分点左右的利差。除此之外，再配合人民币汇率低估和财政补贴，以及2001年加入WTO，中国外汇储备快速积累。人民币汇率低估也是金融抑制的一个体现，它也是抑制国内消费的一个因素。

对于中国而言，2015年年底中央提出供给侧结构性改革任务，"三去一降一补"五大任务——去产能、去库存、去杠杆、降成本和补短板中的高库存、高杠杆、高成本等皆可被看作金融抑制的后遗症。金融抑制的环境致使资金价格信号缺失，政府指令替代了价格，发挥着资源配置的作用，一个一个的产业规划和"五年计划"成为信贷资源配置的发令枪和风向标。带有政治属性的信贷投放必然导致资源浪费。金融改革势在必行。

第4章 金融抑制与中国金融改革下半场

中国金融抑制：明显改善，但水平依然偏高

在当代金融发展理论奠基人罗纳德·麦金农和《经济发展中的金融深化》作者爱德华·肖看来，如果一国的金融市场被政策扭曲了，就可以看作出现了金融抑制。具体而言，有以下几种典型的金融抑制政策：利率管制，存在较低（或负）的实际存款利率；高存款准备金率（或准备金税）；政府干预信贷投放的干预和采取歧视性的信贷政策；资本账户管制。这四种情况在中国依然普遍存在，故可以称，中国目前仍然是一个抑制性的金融体制。

中国金融抑制体制的形成有独特的背景。与东欧和苏联"休克疗法"明显不同的是，中国走的是渐进改革路线，其中一个有中国特色的实践方案就是价格的双轨制。在经济市场化的过程中，私营经济在国民生产总值中的比重不断提高，国有经济比重不断下行。直接结果是：一方面，政府收入占GDP的比重不断下降；另一方面，由于国有企业的经营效率较低，财政对此的补贴还在不断增加。1978年，公共财政收入占GDP的比重为30%，1994年该比例降至10.7%。财政收支恶化以及由此导致的通货膨胀问题，是1994年分税制改革的背景。

财政收支困境、预算软约束和资本市场的短缺，致使扩张性财政政策只有货币化这一条路径可选。1990—1994年，M2增速和通货膨胀率不断上行，月度CPI同比增速最高时达到了27.7%。此后，中国财税体制和金融体制改革提速，对国有企业的财政补贴变为金融补贴，存贷款利率远低于竞争性均衡水平，政府在信贷

资源的配置上起主导作用。分税制改革使得公共财政收入占GDP的比重回升，金融改革使得金融机构体系更加健全，金融分业经营格局逐渐形成，但是政府从未退出对银行信贷的干预。虽然1994年国有企业"抓大放小"改革提高了国有经济的效率，但其与私营经济效率的剪刀差仍在拉大，这也导致其对金融补贴政策形成了路径依赖。

金融抑制的第一个表现是利率管制，一般是存贷款利率整体上低于均衡水平，致使实际存款利率很低或为负值。中国利率市场化的起点是1996年，标志是银行间市场的建立。虽然存贷款利率浮动区间限制到2015年10月被全部取消，但至今为止，央行制定的存贷款基准利率仍然充当着锚的作用，央行的窗口指导仍有重要影响，利率仍然是个外生变量，银行存贷款利率仍低于资金借贷的均衡利率。

利率双轨制的一个结果就是金融市场的分割和金融二元结构的形成，这不仅使正规金融市场的利率传导不畅，也使得正规金融市场和非正规金融市场长期存在较大的利差。

数据显示，银行贷款和温州民间贷款利差长期保持在10百分点以上，这很难用风险溢价这个单一要素去解释。截至2019年第三季度，温州民间借贷综合利率为15.9%，而金融机构人民币贷款加权平均利率仅为5.9%，两者正好相差10百分点。2016年以前，其差值长期保持在13百分点左右。除此之外，在正规金融机构内部，存贷款利差也显著高于其他经济体。

实际利率长期低于均衡水平，会压制资本收益率。以日本为例，1973年以后日本的资本收益率快速下降，这与其后发优势和产业转移有关系，也与以石油危机为代表的供给侧冲击、布雷顿森林体系的瓦解以及汇率波动性的提高有密切关系。另一个很重要却往往被忽视的逻辑是，两次石油危机引发了滞胀，实际利率不断下降，负利率较为普遍。这种典型的金融抑制环境导致了资本收益率和GDP增速同步下降。这在当时是一个普遍现象，在《1989年世界发展报告》所统计的34个亚洲、非洲和拉丁美洲发展中国家中，与1973年之前相比，其后的平均实际存款利率下降了3百分点，从1973年之前的-2%下降到之后的-5%，GDP增速也下降了1.7百分点，从1973年之前的7.3%下降到之后的5.6%。

1978年改革开放以后，中国的资本收益和资本成本的差距经历了先收窄、后扩大的趋势，而两者的背离可以被看作金融抑制的一个体现。资本收益和资金成本的剪刀差可以作为衡量金融抑制程度的指标，随着金融改革开放的推进，剪刀差的收敛或是一个中长期趋势。它既是资本生产率下降的一个结果，也是摆脱投资依赖型经济增长路径和推动结构转型的反向推动力。可以确定地说，消除金融抑制是中国经济转型的必要条件。

日本银行家福本智之在介绍日本金融自由化的经验时总结道，"劳动分配率的上升"和"缩小资本收益和资金成本的差距"这两者的协调尤为重要。2004年"刘易斯拐点"的到来、2008年新的《中华人民共和国劳动法》的颁布，以及2011年老龄化拐点的出现，都使得劳动工资快速提升，劳动者报酬在国民收入中的比例快速提升。与此同时，资本收益和资金成本却并未收敛，资本相对于劳动的性价比更高，资本对劳动的替代更为可行。这是对中国经济结构转型难题的重要解释。

金融抑制的第二个表现是较高的存款准备金率，它相当于对金融机构征税。20世纪90年代开始，许多国家如美国、加拿大、瑞士、新西兰、澳大利亚等国家的央行都在逐步降低或取消法定存款准备金率。而中国自2003年9月启用该工具作为外汇对冲手段以来，法定存款准备金率最高时达到21.5%。至今，中小型和大型金融机构的法定存款准备金率仍然在11%和13%的水平，显著高于其他国家。由于存款准备金的利率为1.62%，显著低于贷款利率，所以它相当于一种"准备金税"，在一个不断开放的竞争性金融市场中，会将本国金融机构置于劣势地位。为了保证银行的利差，存款利率被人为压低，实际存款利率长期为负，居民实际上也分担了外汇冲销的成本。

金融抑制的第三个表现是政策干预信贷投放和采取歧视性的信贷政策。长期以来，信贷额度管理被认为是货币政策最重要的工具之一，此外，信贷投放的方向也受到国家产业政策和区域政策的引导。在一个利率管制和呈二元结构的信贷市场上，信贷短缺和配给现象是常态。加上政府对国企的隐性担保以及抵押品的稀缺，私企很难享受到正规金融机构的低廉信贷资源。从2016年的数据来看，仅国有控股企业就占到了信贷余额的54%。分规模来看，国有控股企业在大型、中型、小型和微型企业的信贷余额中占比分别为72.7%、49.2%、37.8%和35.8%，相对产出和效率而言，其占有的信贷资源是偏高的。

除了以上三个方面，金融抑制还可以从资本账户管制程度方面去考察。笔者将四个不同维度的金融抑制指标——银行的所有权结构、利率管制、政府对银行信贷的干预、资本管制——综合成一个指数，以整体衡量金融抑制水平。指数值分布在0～1，0表示没有金融抑制，1表示完全金融抑制。改革开放以来，中国的金融抑制情况有明显的改善。1980—2015年，中国的金融抑制指数从1降到了0.6，但至今不仅高于中等收入国家的平均水平，还高于低收入国家的平均水平（图4-1）。

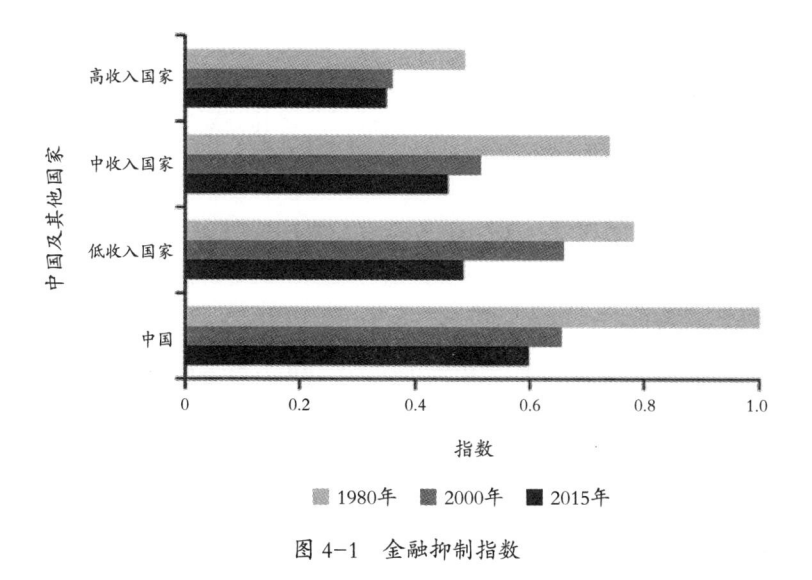

图 4-1　金融抑制指数

从一定程度上说，金融抑制体制是内生于经济和金融发展水平的，体现的是追求经济增长的目标和落后的金融基础设施之间的矛盾。它在一定条件下是合理的，但它不是没有成本的，随着经济的发展，成本与收益的对比关系会扭转。

自20世纪90年代以来，金融自由化就被看作新兴市场国家市场化的必由之路。但从实践经验来看，金融自由化有其内在的次序，如果把握不好，就可能引发金融危机。正如罗纳德·麦金农在《经济市场化的次序》的序言中说的："对一个高度受抑制的经济体实行市场化，犹如在雷区行进，你的下一步很可能就是你的最后一步。"

金融深化的逻辑和次序

货币有三种价格——物价、利率和汇率，它们分别是货币的对内价值、时间价值和对外价值，也可以将其分别理解为货币之于商品的价格，货币作为金融资产的价格和货币的相对价格。这实际上也是货币购买力的三种形式。其中货币的时间价值，也是其他金融资产定价的一个基准，因为最基本的定价模型就是现金流贴现，而货币的时间价值就是贴现率。货币的本质及货币理论之所以艰涩难懂，主要原因之一就在于货币有多重价格，它们彼此掣肘，相互影响。

所谓市场化，最核心的就是定价机制的市场化，市场化的目的或结果就是资源配置的最优化。最优定价一般遵循边际定价法则，该原理的适用范围就是最优化的边界。据此，对同一种要素，只要市场是分割的，最优化定价的条件就很难达成。因为在一个被分割的市场上，即使每个市场都按边际定价法则去定价，不同市场上的最优价格大概率也是不同的。市场分割导致套利的成本高企，一价定律难以成立，单一的均衡价格甚至都不存在。但是，只要存在多重价格，潜在的套利机会就永远存在，这不仅会加剧市场的波动，还会导致次优均衡，这是劣币驱逐良币的格雷欣法则给我们的启示。

金融深化的任务，就是穿透货币的三个价格，消除要素市场的分割状态，统一单一要素价格。这个任务只能交给市场。

货币的商品价格，也就是一般意义上货币的购买力，是金融深化的前提条件。较高的通货膨胀率或者是通胀的高波动性，都会扰乱金融市场的秩序。高通胀率使实际利率为负，资产定价的基础就不存在了；通胀的波动则会扰乱预期，也会给金融交易造成麻烦。所以，较低且比较稳定的物价水平是金融深化的必要条件。

金融深化的第一步就是要平衡财政收支。对于一个中央计划型经济体而言，市场化在一定程度上意味着私有化，要素市场不断被放开，私营企业与国有企业共同竞争，这些都会影响政府的财政收入。而且在初期，政府很难在资本市场发行债券融资，即使可以，发债的成本也会比较高。所以，为了防止财政货币化和通货膨胀，有必要缩减财政开支，扩大税基。从财政收支平衡的角度去理解国有资产的市场化节奏，也是非常有益的，因为国有资产经营效率直接影响到财政收支。财政收支平衡对于金融深化的重要性，可通过拉丁美洲的案例来理解。20世纪七八十年代，墨西哥、阿根廷和巴西政府的债务都以不可持续的方式积累，30%以上的债务成本司空见惯。1990年3月，巴西政府冻结了私人部门持有的政府债务中的80%，从此，拉丁美洲几乎成了国际资本的禁区。

金融深化的第二步就是改革国内资本市场及放松对银行的管制和担保，重要步骤是借贷利率的市场化，并通过降低通胀率，保持一个正的实际存款和贷款利率。正的存款利率有助于银行体系吸收存款，从而为经济增长提供信贷支持。我们习惯于从融资的角度去理解贷款利率，但它实际上还设置了一个门槛——任何收益率低于贷款利率的投资项目都将被淘汰。利率的合理水平是相对于均衡而言的，而市场化的目的就是让实际利率向均衡利率收敛，这不仅有助于金融资产的合理定价，还有助于资本生产率的提升。马克斯韦尔·弗莱针对亚洲经济体20世纪六七十年代的实证研究表明，实际存款利率向着其竞争性的市场均衡水平每提高1百分点，GDP增长率就可以提高0.5百分点。与利率市场化相辅相成的是金融机构的发展，国家放松对银行和其他金融机构的管制，必须与政府在总体稳定宏观经济方面所取得的成就相适应。

金融深化的第三步就是汇率的市场化和外汇的可自由兑换。根据国际收支平衡表的分类，经常项目可兑换应该在资本项目可兑换之前。资本项目自由化是金融自由化的最后一步。罗纳德·麦金农认为："只有当国内借贷可以在均衡（无限制）利率水平上进行，以及国内通货膨胀得到抑制，从而使得汇率没有持续贬值压力的时候，才是允许资本自由流动的时机。否则，过早地取消对外国资本流动所实行的汇兑管制，可能会导致外债的增加或资本外逃，或两者兼有之。"当然，资本项目内部还可以进一步细分。例如，长期资本流动项目（如直接投资）的市场化应置于短期资本流动（如银行借贷）之前。

值得强调的是，所谓"三步走"，并非等到上一步完成再进入下一步，它们彼此之间是一种嵌套的关系，只是整体上有先后次序。东亚模式之所以比较成功，原因之一就是遵循了"三步走"的金融市场化次序（表4-1、表4-2）。

表 4-1 日本金融自由化的次序

"三步走"	20世纪60年代	20世纪70年代	20世纪80年代	20世纪90年代
汇率制度		1973年：过渡到浮动汇率制度		
外汇管理	1964年：经常项目下的日元兑换自由化 1967年：对内直接投资自由化开始实施 1969年：对外直接投资自由化开始实施	1970—1980年：渐进式开放对内、对外证券投资	1980年：改革外汇管理法，资本项目下的日元兑换实现原则上自由化 1984年：外汇的日元兑换管制被废除 1986年：东京离岸金融市场建立	1998年：外汇法修订，取消外汇注册银行制度，将事前报告改为事后报告
利率自由化		1975年：大量发行国债 1979年：发行大额可转让定期存单	1985—1989年：大额定期存款利率自由化（将自由化的范围从10亿日元以上逐步下调为1000万日元以上）	1993年：全面实现定期存款利率自由化 1994年：实现支票存款利率自由化

资料来源：福本智之（2014）。

表 4-2 中国金融自由化的次序

"三步走"	20世纪90年代	2000—2009年	2010年及以后
汇率制度	1994年：建立银行间外汇市场，统一全国外汇市场，汇率并轨	2005年：浮动汇率制改革，逐步与美元脱钩	2014年：汇率浮动区间扩大至2% 2015年："8·11"汇改完善人民币中间价形成机制
外汇管理	1994年：取消外汇留成制度，实施由银行买卖外汇的制度 1996年：实现经常项目下人民币兑换	2003年：开始QFII 2006年：开始QDII 2007年：撤销外汇强制买入制度 2009年：国际贸易中人民币结算试点开始实施	2010年：人民币QDII、对外直接投资（ODI）开始实施 2011年：人民币QFII、FDI开始实施 2013年：开设中国（上海）自由贸易试验区 2014年：上海证券交易所和香港证券交易所之间开始实施股票交易相互下单 2019年：取消QFII和人民币合格境外机构投资者（RQFII）限额
利率自由化	1996年：银行间同业拆借利率自由化 1998—1999年，逐渐扩大存款利率对基金利率浮动的可设定范围	2004年：撤销贷款利率上限和存款利率下限	2012年：降低贷款利率下限（由0.9倍改为0.7倍），由提高存款利率上限（由1.0倍改为1.1倍） 2013年：撤销贷款利率下限（原则上自由化） 2014年11月：提高存款利率上限（由1.1倍改为1.2倍） 2015年10月：取消存款利率上限

资料来源：福本智之（2014）。

在我国，长期以来，政府和国有企业是银行信贷资源的主要使用者，从而也是金融抑制和利率控制的主要受益者。由于投资领域和激励机制的问题，政府和国有企业的资本使用效率显著低于私营企业，故金融抑制性政策的本质就是对低效的补贴，逐步取消金融抑制政策就意味着效率的提升。伴随着贷款利率向均衡位置收敛，存款利率也会向均衡位置收敛，对于中国而言，这就意味着存款利率的提升，这也将改善存款人的福利水平，有助于缓解中国消费需求内生动能不足的问题。

金融抑制与经济增长的关系

金融抑制与经济增长并非简单的正向或负向的线性关系，而是U形的非线性关系。金融抑制对于经济增长的影响有两个截然相反的解释，一个是麦金农效应，另一个是斯蒂格利茨效应。麦金农效应是负向的，主要强调的是金融抑制降低了金融市场的配置效率，阻碍了金融深化；斯蒂格利茨效应是正向的，认为金融抑制有助于将储蓄转化为投资，而且有利于维护金融稳定。

对于低收入国家而言，金融抑制政策有助于维护金融稳定和以较高的效率将储蓄转化为投资，斯蒂格利茨效应占主导，故金融抑制可能会带来净的正向效应。东欧、苏联和拉美国家激进的金融自由化改革，提供了大量失败的案例。对于中等收入国家而言，麦金农效应的主导作用更加凸显，金融抑制整体上体现为负效应。而对于高收入国家，金融抑制的产出效应又可能由负转正。一个解释是，由于金融具有明显的顺周期性，即使是在发达国家，过度的金融自由化和监管缺位时的金融创新也可能引致金融市场的大幅波动，2008年美国的金融危机就是一个案例。对于中国而言，由于中国已经从低收入国家转变为中等收入国家，金融抑制对经济增长的净效应可能为负，取消金融抑制能推动经济增长。

上述逻辑还可以在一个简化的哈罗德—多玛模型中得到解释。在一个资本（K）作为唯一投入要素的经济体中，总产出（Y）可被表述为：

$$Y = \sigma K$$

其中，σ 为资本的平均生产率。对等式两边求微分可得：

$$\dot{Y} = \sigma \dot{K} + \dot{\sigma} K \text{（其中，} \dot{K} = I = S \text{）}$$

它表示，总产出增长率可以被分解为两个来源：新增资本（$\dot{K}$，即投资）和存量资本效率（$\dot{\sigma}$）的提升。以低（或负）实际利率为代表的金融抑制政策有助于降低新增投资的资本成本，加速资本形成，但大量经验证据已经证实，金融抑制性政策不利于资本产出效率的提升。对于任何一个资本短缺和劳动力充裕的后发国家而言，在发展的初期，新增投资往往是总产出更重要的来源。伴随着资本存量的不断积累，在资本边际报酬递减规律的作用下，总会存在一个拐点，在此之后，新增投资的贡献开始小于存量资本的贡献。这也意味着，如何提高存量资本的效率，对总产出增速更为重要。

很显然，中国的拐点已经出现。有学者认为，中国的金融抑制政策对GDP的贡献已由正转负。他利用反事实推演的方法，假设20世纪八九十年代和21世纪（2000—2008年）的金融抑制指数均降至0。结果显示，其对GDP的影响分别是-0.8%、-0.3%和0.13%。合理的估计是，如果用2010年以后的数据做分析，消除金融抑制的正向效应或更加显著，这是因为"4万亿"财政刺激计划实施之后，单位产出所要求的新增资本投入比例快速上升，金融体系系统性风险指数也在快速上升。

第 4 章　金融抑制与中国金融改革下半场

长期以来，国内都偏爱一种有利于快速工业化的政策环境，这不仅表现为农业部门向工业部门的补贴，也表现为劳动要素向资本要素的补贴，其具体的实现方式就是金融抑制和强制性储蓄。我们惯于从增量上强调中国的高储蓄率和高投资率对经济增长的贡献，却较少从存量角度旗帜鲜明地指出银行资本定价效率的缺失和扭曲所带来的效率损失。金融抑制不仅导致了金融市场资本配置效率的下降，也抑制了内需，改革金融抑制体制是进一步释放改革红利的重要方式。

结合中国改革开放40多年间宏观经济和金融市场的表现来看，前30年里，中国保持了年均9.6%的GDP增速，且没有发生系统性的金融风险。2008年金融危机和"4万亿"财政刺激政策颁布落实之后，中国的GDP增速快速换挡，且仍在持续下行。与此同时，影子银行和互联网金融市场却在不断膨胀，金融市场的风险也在不断积蓄，防范化解金融风险已成为"三大攻坚战"之一。逻辑一致的解释是，金融抑制对经济的影响已经从以斯蒂格利茨效应为主导转向了以麦金农效应为主导。供给侧的逻辑是，当GDP达到一定水平后，经济增长的动能就需要从要素投入转变为创新和全要素生产率（TFP）的提升，而金融抑制对其形成了阻碍。

中国经济增速下行的必然性逻辑是建立在传统的以投资驱动和出口拉动为主体、以金融抑制为条件的低资本成本和强制性储蓄的模式之上的。从改革的角度来说，有多少政策扭曲，就会有多少改革的红利，也就能释放多少潜在的GDP。关键的问题在于改革的决心是否坚定，实践方案是否科学。

随着GDP总量和人均GDP增速的提高，金融抑制政策对GDP的贡献已经由正转负，GDP的进一步提高，要求供给侧动能由廉价要素投入转变为全要素生产率的提升，这就要求与之匹配的金融市场配置效率。

研究表明，相较于银行信贷融资而言，权益类融资更有助于促进创新。笔者认为，中国金融改革的方向是确定的：一方面就是消除金融抑制，即利率和汇率市场化、政府逐步退出信贷的分配、逐步放松资本账户管制，以及加大金融服务业的开放等；另一方面，就是要提高直接融资比重，健全多层次资本市场的功能。这是金融供给侧结构性改革确定性的方向。

财政赤字货币化与中国金融开放

受新冠肺炎疫情的冲击,中国经济供需(内需+外需)两侧承压。货币和信贷政策在精准扶持中小微企业方面的机制尚未建立,财政政策被过度依赖,致使财政赤字扩大,掀起了国内关于财政赤字货币化的讨论。

笔者赞成适当扩大财政赤字规模,并发行特别国债来为政府融资,但不建议由央行在一级市场以零利率的方式直接购买国债。即使是MMT,也并未明确要求央行在一级市场以零利率的方式购买国债。是一级市场还是二级市场,看起来只是技术上或程序上的区别,但在一级市场购买国债绕开了市场的约束和定价。

第一,中国还远未陷入这种窘境。从历史上来看,财政赤字货币化并不罕见,但都是政府无法靠市场化的借款来满足融资需求时的无奈之举。这种情况大多数出现在战争期间,政府融资需求快速膨胀而投资者又要求较高的风险溢价。此时,政府会向央行施压,要求央行以非市场化的利率直接认购国债,或承包二级市场未消化掉的国债。

第二，财政赤字货币化的约束条件绝不仅仅是通货膨胀，还有资产价格泡沫，在中国尤指房地产价格泡沫。

第三，随着国债的积累，为保持政府的偿付能力，政府或有对利率进行管理的需求，这种需求会转变为央行管理利率的压力，如同1951年之前美联储由于承担了国债管理义务而导致其利率政策不独立一样。央行在一级市场购买国债，会形成国债定价的双轨制。一级市场的非市场化定价或外溢至二级市场，扭曲市场定价机制，导致资源错配，这本质上与要素市场化改革相悖。

第四，财政赤字货币化不符合财政健全原则，不利于构建人民币和国债的公信力。短期内政府确实可以低成本融资，但在中国金融继续开放的背景下，长期成本仍将由财政部门承担，而终极承担者永远是纳税人。

在国际金融市场上，最具公信力的国家的国债收益率最低，投资者要求的风险溢价最低，从而构成其他国债的定价基础。财税体制不健全、债务和货币的公信力差的国家需要支付更高的风险溢价。对于中心国来说，这是一种特权，它建立在外围国对中心国维护货币汇率稳定和维持债务本息可偿性的信心之上。中心国对特权的滥用会削弱其货币和国债的公信力。对于外围国来说，更应该少犯错误。

理论上来说，在一个封闭的经济体中，政府只要与央行协作，就可以以非市场化的利率水平无限量发行国债。但在开放的背景下，通货膨胀和货币贬值预期会导致资本外流，从而制约国债发行。所以历史上，在战争期间，政府要想成功地靠央行印钞的方式来为赤字融资，都要禁止资本外流（关闭黄金窗口）。失败案例包括一战时期的英国和20世纪八九十年代的拉美国家。借用约翰·凯恩斯的话来说，在人民币国际化的道路上，如果只要一出现人民币汇率贬值的压力就关闭资本账户，那大概率是行百里者半九十。

反其道而行之可能更为合理。在全球处于"三低两高"（低增长、低通胀、低利率，高政府债务、高收入财产分配失衡）的形势下，中国保持着较高的潜在经济增速和正常的货币政策空间。与此同时，由于新冠肺炎疫情的传播在国内和国外存在时间差，中国将提前进入经济修复期，这实际上提供了一个"黄金窗口期"，何不尝试着在国际金融市场或者是上海自由贸易试验区，向国际投资者发行以人民币（或多币种）标价的国债来为财政赤字融资？这不仅有助于推动人民币国际化，还可以减轻公共开支对国内私人部门的挤出效应，更可能拥有成本优势。

金融供给侧结构性改革的逻辑与思路

笔者认为，供给侧结构性改革仍然是核心，金融供给侧结构性改革只是将供给侧结构性改革的范围拓展到了金融领域，它与原有的供给侧结构性改革的五大任务有密切联系。

比如：去杠杆，金融去杠杆本就是题中应有之义；去产能，要求银行在信贷投放上，对于产能过剩行业制定更高的标准；降成本方面，是金融更好地支持实体经济的一个具体体现——过去一段时间，影子银行快速膨胀，导致资金链条拉长，也导致实体融资成本更为高昂。再比如补短板，多层次资本市场的发展，一直是中国经济体制改革中的滞后环节。至今为止，虽然我们已经形成了从主板到创业板，再到中小板、新三板和科创板这五个层次的资本市场，但这些市场彼此之间就像是一个个"孤岛"，各个板块对企业上市做出了多个维度的限制，标准不一，使得经验难以复制。而基于一些成熟市场的经验，确定划分板块的标准基本应该在财务指标上下功夫，而不是以场内场外或者公募私募为依据。

金融供给侧结构性改革为什么这么重要？这一点可以结合户籍制度改革一起来看。改革开放40多年来的高速发展阶段，中国全要素生产率的主要来源是劳动力在农村和城市以及农业和工业间的转移而获得的要素配置效率，那么随着人口红利逐渐消失，户籍制度改革变得更加迫切。它有助于通过提升劳动力资源的配置效率，提升全要素生产率。

与此同时，微观生产效率对提升全要素生产率来说显得尤为重要，关键的问题就是如何把激励机制搞对。这取决于市场能否在资源配置中发挥决定性作用，取决于国企与私企之间能否实现"竞争中性"，还取决于资本市场能否更好地发挥资本配置的功能。

从这个方面就可以看出资本市场在整个经济发展中的重要性。过去40多年里，全要素生产率的提升主要源自劳动要素的优化配置，那么未来在人口红利不断消失的背景下，全要素生产率的提升将更加依赖资本的优化配置。这是金融供给侧结构性改革的核心逻辑，也是未来金融市场化改革的主线。

改革开放40多年，更为精确地来说，从1978年到2008年这30多年，是中国经济发展的黄金时期。未来中国的发展，生产效率的提高对于经济发展变得尤为重要，而这只能通过进一步的改革，释放改革的红利来实现。其中资本市场一直以来是改革的短板，也必将成为未来改革的关键领域。

第 5 章

汇率市场化改革与人民币国际化

汇率波动的原因

浮动汇率制改革是汇率从外生变量向内生变量转变的过程，内生于宏观经济与金融市场。当一国从封闭经济体转变为开放经济体，和其他国家的贸易与资本往来越来越密切的时候，汇率浮动的必要性就会越来越高。作为1993—1994年市场化改革的一项重要内容，汇率制度的市场化改革"开弓没有回头箭"。

按照国际组织的说法，人民币长期处于被低估状态，直到2015年，IMF的评估报告才称人民币"不再低估"。那么1994—2015年人民币的单边升值历程，就是价值回归。换句话说，过去20多年人民币都是被低估的。值得探讨的问题变为：人民币为何会被低估？价值回归为什么走了20多年？在这个过程中，决定人民币能否升值以及升值多少的因素是什么？

1957年，马寅初在第一届全国人民代表大会第四次会议上发表了"新人口论"的主要观点。他认为，生产中最大的矛盾是人口增长太快而资金积累太慢，而生产的边界是由供给要素中的短板决定的。所以，初期经济建设的最大瓶颈，就是资本积累不够。马寅初开的"药方"是控制人口，抑制消费，以此来促进资本积累，提高国民收入。

人口与资本的矛盾一直持续到改革开放以后。改革开放40多年来，中国实现了从一个落后的农业国向世界总产出第二的工业国的伟大跨越，这对于一个在改革开放初期总人口9.6亿、人均GDP385元、城镇化率仅18%的国家而言，可谓奇迹。那么，奇迹是如何发生的？笔者认为，奇迹恰恰就体现在非市场化或半市场化的重重扭曲之中。但是，曾经促成奇迹的因素，已经转变为当前经济体制改革的任务。在过去，它们有助于中国作为追赶型经济体的后发优势的发挥，但随着中国经济市场化程度的提高，其阻碍作用愈加凸显。汇率低估就是出口导向型工业化发展之路的直接产物，它与中国的基础货币投放方式、强制储蓄和内外失衡的经济结构密切相关。

从消费者的立场来看待汇率高估或低估的问题最直观。无论是留学生还是学生家长，无论你是热爱出国旅行还是钟爱国外的奢侈品牌，你都会切身体会到，人民币升值是一件多么幸福的事情。国外商品都是由当地货币来标价的，如果人民币升值，那么外币兑人民币的比例就会下降，这就等于说购买同样商品所需的人民币金额会下降。所以，消费者基本上是支持人民币升值的。

但是我们作为消费者的同时，还是生产者，有些是企业家，有些是劳动者，不同的身份，所处的行业不同，企业进出口依赖度不同，对汇率的态度也不一样。

一般而言，不可贸易品部门——如金融、房地产和一般性服务业的生产者和劳动者，是汇率低估的反对者，因为这会提升可贸易品与不可贸易品的相对价格，增加生活成本。

可贸易品行业又可被分为进口依赖度高的企业和出口依赖度高的企业，前者反对汇率低估，后者支持汇率低估，因为汇率低估会增加进口原材料的成本，但会降低出口商品的国外价格，进而提升其国际竞争力，刺激需求，增加收入，这对于出口企业的生产者和劳动者都是有益的。在大多数情况下，出口型企业同时也需要在国外进口原材料，所以对汇率低估的收益不能一概而论，每个企业都需要做成本与收益的比较。

人民币汇率70年

中国从计划经济体制走向市场经济体制，价格作为市场经济重要特征之一，必须发挥调节供求和优化资源配置的作用。作为货币的一种价格的人民币汇率，从由官方决定转由市场供求决定，从政策目标变为调节国际收支失衡的工具，从失衡不断回归均衡，就是市场经济改革成效的一个表征和背书。

附图7是人民币汇率近70年发展变化全景图，图中也画了美元汇率指数作为参照。右轴显示的是美元对人民币的双边汇率，逆序展示，上升表示人民币升值、美元贬值，下降表示人民币贬值、美元升值。左轴为国际清算银行（BIS）编制的人民币和美元的名义有效汇率指数（NEER）和实际有效汇率指数（REER），两者被统称为有效汇率指数。其中，NEER是基于双边贸易加权的综合汇率指数，REER在NEER的基础上考虑了相对物价水平（居民消费价格），所以它们是衡量一国出口国际竞争力的综合性指标。REER代表真实的竞争力，数值越大表明本币的相对价值越高，有助于进口，不利于出口。

人民币REER与NEER的关系，可用公式表达如下：

$$REER_{RMB}=NEER_{RMB}\times CPI^*/CPI$$

其中，$REER_{RMB}$为人民币实际有效汇率，$NEER_{RMB}$为人民币名义有效汇率，CPI^*为中国的贸易伙伴的一般物价水平，CPI为中国国内的一般物价水平，对数变换并对时间求导后可以得到：

$$\frac{\dot{REER}_{RMB}}{REER_{RMB}}=\frac{\dot{NEER}_{RMB}}{NEER_{RMB}}+\frac{\dot{CPI}^*}{CPI^*}-\frac{\dot{CPI}}{CPI^*}\left(\frac{\dot{REER}_{RMB}}{REER_{RMB}}-\frac{\dot{NEER}_{RMB}}{NEER_{RMB}}=\frac{\dot{CPI}^*}{CPI^*}-\frac{\dot{CPI}}{CPI^*}\right)$$

可以理解为：人民币实际有效汇率变动=人民币实际有效汇率的变动加上中国贸易伙伴的一般物价水平的变动，减去中国国内的一般物价水平的变动。所以，如果人民币REER的增加幅度大于NEER的增加幅度（括号内等式左边大于零），就可以判断出：或者中国贸易伙伴国的一般物价水平的上涨幅度大于中国国内的一般物价水平的上涨幅度，或者中国贸易伙伴国的一般物价水平的下降幅度小于中国国内的一般物价水平的下降幅度，或者前者上涨后者下降。如果人民币REER的下降幅度大于NEER的下降幅度（括号内等式左边小于零），则可判断中国贸易伙伴国的一般物价水平或者涨幅较低，或者降幅较大，或者中国贸易伙伴国的一般物价水平下降、中国国内的一般物价水平上涨。

总而言之，人民币实际有效汇率的变化与名义有效汇率变化和国外物价水平变化成正比，与国内物价水平成反比。对比同一种货币的REER和NEER走势，可以从整体上判断该国与其贸易伙伴的相对价格水平的变化；对比两个不同国家的NEER或REER的变化，则可以判断两国出口商品相对竞争力水平的动态关系。若美元REER（或NEER）增幅高于人民币REER（或NEER），这相当于美元汇率升值幅度更大,整体而言,美国出口竞争力的下降要大于中国。

1949—2018年,人民币汇率走势有如下几个重要特征,均可表述为从发散到收敛。

第一,人民币和美元各自的名义有效汇率指数(NEER)与实际有效汇率指数(REER)均在20世纪90年代开始快速收敛,其中人民币在1994年汇率并轨后开始收敛,美元则相对较晚。

第二,人民币与美元的有效汇率指数也呈现收敛状态。观察附图7,更多的是人民币向美元收敛。虽然这与基期(2010年)的选择有关,但从2010年之后的走势可以看出,发散重归收敛。

第三,人民币兑美元的双边汇率向人民币的有效汇率收敛。长周期来看,人民币有效汇率指数可以看作人民币兑美元双边汇率的中枢,牵引着人民币兑美元双边汇率围绕其波动。这与汇率政策调控的目标是一致的,即人民币兑美元双边汇率与人民币有效汇率保持同步。这表明市场供求起到了更显著的作用,是汇率市场化程度越来越高的体现,也是改革的既定目标,但不排除在汇率波动较大时暂时钉住美元。如2008年9月美国爆发金融危机时,投资者避险情绪上升,资金大量流出新兴市场,中国也不例外。为了防止人民币形成单边贬值预期,美元兑人民币汇率就被稳定在1∶6.83左右,一直持续到2010年6月。

第四,2015年"8·11"汇改之后,美元对人民币双边汇率、美元有效汇率和人民币有效汇率加速收敛,但美元对人民币汇率波动性较高。"8·11"汇改确立了新的美元兑人民币双边汇率的中间价定价机制。在存在人民币贬值预期的情况下,人民币容易形成自我强化的贬值趋势，故汇率出现了一定程度的超调。之后一段时间，人民币兑美元的双边汇率贬值幅度超过了人民币有效汇率。从日度数据来看，从2015年8月10日到2016年12月16日，美元兑人民币双边汇率从6.12升到了6.95，16个月之间人民币贬值13.5%，而同期人民币NEER和REER的贬值幅度分别为6.8%和6.4%（2015年8月到2016年12月月均数据）。

均衡汇率是个理论概念，汇率只能在市场中被决定。上述收敛过程表明，人民币有效汇率及其兑美元的双边汇率在经过较长时间的单边贬值和升值的趋势和波动后，已进入双向波动的区间，人民币汇率离"均衡汇率"渐行渐近。

人民币汇率70年，由发散到收敛，由人为设定政策目标转变为由市场决定价格指标，既在市场中被决定，又起到调节市场供求关系的作用，发挥着价格应有的功能。这个过程比较漫长，大致可以被划分为四个阶段：1949—1978年计划经济时期的固定汇率制；1979—1993年转轨时期的汇率双轨制；1994—2005年的以市场供求为基础、单一的、有管理的浮动汇率制；2005年开启的以市场供求为基础、参考一篮子货币调节、有管理的浮动汇率制，人民币不再钉住单一美元。

第一阶段：固定汇率

1949—1978年实行钉住单一货币或一篮子货币的固定汇率制。1972年以前钉住英镑，1972—1978年钉住一篮子货币，1978年以后钉住美元。这一时期基本上与布雷顿森林体系下的固定汇率制相对应。1971年之前，人民币汇率相对稳定，之后美元贬值，参考一篮子货币定价的人民币被动升值（图5-1）。

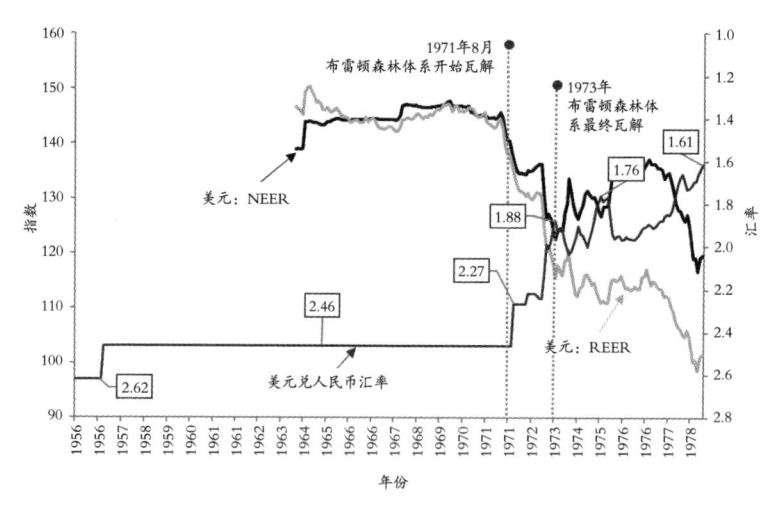

图 5-1　计划经济时期的人民币汇率走势
（1949—1978 年，以 2010 年为 100）

数据来源：CEIC，BIS，东方证券。

1949年1月18日，中国人民银行首次正式公布人民币汇率。1952年之前，由于并未设定人民币与黄金的比价关系，加之新中国成立初期的恶性通胀，基于购买力平价的美元兑人民币汇率波动较大。1949年，1美元兑80元旧人民币；1950年3月，1美元兑42000元旧人民币。相差约530倍。1950年之后物价不断下降，1953年趋于稳定，人民币汇率开始企稳。1955年币值改革，按1∶10000的比例以新换旧，官方将美元兑人民币汇率从1∶2.62降至1∶2.46，人民币一次性升值6%。此汇率一直维持到布雷顿森林体系开始瓦解。

1971年8月，理查德·尼克松关闭美元黄金兑换窗口，布雷顿森林体系开始瓦解，美元进入贬值区间，人民币汇率也改由一篮子货币决定。随着美元相对于其他货币贬值，人民币兑美元汇率不断提升。本轮周期的顶点是1980年7月，美元兑人民币的官方平均汇率升至1∶1.45，人民币升值幅度达41%。而在同一时期，美国大宗商品研究局（CRB）编制的美元指数从120降至85，贬值幅度为29%。美元NEER从145降至120，降幅17%；REER从145降到103，降幅29%。可见，人民币兑美元升值的幅度超过了美元的贬值幅度，从而导致人民币被高估。

这一时期，一方面，经济开放度不高，贸易规模较小；另一方面，外贸部门采取的是"进出核算，以进贴出"的内部核算方式，所以经济对人民币汇率高估的容忍度较高。改革开放之后，贸易经营权被下放到部委和地方外贸公司，汇率高估压缩了贸易的利润，企业出口积极性不高，财政补贴压力大，结果就是外汇短缺。1980年年底，我国的外汇储备余额为-12.96亿美元。汇率制度改革势在必行。

第二阶段：汇率双轨制

1978年年底召开的党的十一届三中全会确立了以经济建设为中心和实施改革开放的重要决定，标志着改革开放基本国策的确立。1993年年底党的十四届三中全会通过了《中共中央关于建立社会主义市场经济体制若干问题的决定》，确立了建设社会主义市场经济体制的整体布局。这一期间是计划经济向市场经济的转轨时期，一个重要的特点就是实行价格的双轨制，包括汇率。

计划经济向市场经济转轨时期的汇率双轨制又可分为两个阶段，第一个阶段是贸易内部结算价与官方牌价的双轨制（1981—1984年），第二个阶段是官方汇率与外汇调剂市场汇率的双轨制（1985—1994年）。在1994年实现汇率并轨之前，贸易内部结算价和外汇调剂市场汇率在不同阶段发挥着锚的作用，官方汇率向其不断收敛。整体而言，美元先升后贬，人民币官方汇率和有效率汇率指数均不断下行（附图8）并向美元指数收敛，人民币兑美元的双边汇率在后期出现一定超调。

改革开放初期，汇率高估影响了企业的出口积极性和出口创汇，1979年8月，国务院决定改革汇率体制，实行贸易内部结算价和官方牌价的汇率双轨制。其中，贸易内部结算价按1978年全国出口平均换汇成本上浮10%定价，设定为1美元兑2.8元，非贸易官方牌价延续以前的定价模式，按一篮子货币加权平均而得。

双重汇率制于1981年正式实施。期初，人民币官方牌价（1美元兑1.5元）远高于贸易内部结算价。相对低估的贸易内部结算价调动了企业出口的积极性，外汇储备开始不断积累，1981年由负转正（27.08亿美元）。但是，双重汇率制有其天然的缺陷。

一方面，汇率双轨制为无风险套利创造了空间，行为人在结汇时会选择较高的贸易内部结算价，而在购汇时选择价格较低的官方牌价，由此导致了外汇黑市的出现和官方外汇供给短缺的局面。

另一方面，1981—1984年，贸易内部结算价固定不变，而官方牌价却随着供求状况和通胀水平不断调整。较低的官方牌价导致供不应求，再加上较高的通胀，人民币不断贬值，外汇不断增加，官方牌价不断向贸易内部结算价收敛，至1984年年底重合（图5-2）。在此过程中，相对低估的贸易内部结算价的汇兑优势不断消减，国际收支顺差转为逆差，外汇储备开始下降。1983年时外汇储备达到阶段性高点——89.01亿美元；之后不断下降，至1986年变为20亿美元。官方汇率和贸易内部结算汇率的双重汇率制名存实亡。当局于1985年取消了官方牌价，实施以贸易汇率为基础的钉住美元的单一汇率制，但汇率双轨制并没有因此而终结。

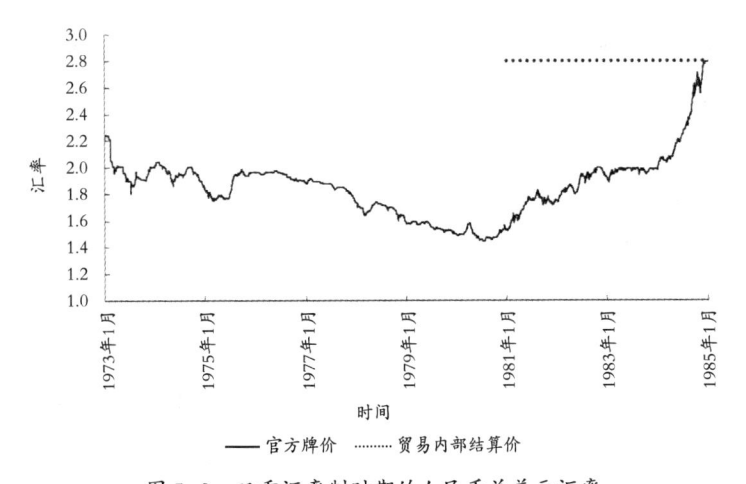

图 5-2 双重汇率制时期的人民币兑美元汇率

数据来源：丁志杰等（2018），国家外汇管理局。

进口需求和外汇短缺是改革开放初期的一对矛盾，为激发单位出口创汇的积极性，1979年，我国开始实施外汇留成和上缴制度，允许创汇企业和地方政府保留一定的外汇使用额度，留成比例依收入的性质和地区而异。这就产生了外汇调剂的需求，官方市场与外汇调剂市场并存，官方汇率与外汇调剂汇率并存，这才是通常意义上的汇率双轨制。

外汇调剂业务始于1980年10月，由中国银行办理外汇调剂业务，价格以贸易内部结算价为基础，上浮5%~10%，但官方有限价。1985年下半年，深圳等地的外汇调剂中心成立；10月，上海开始进行外汇调剂价格试点；1988年4月，上海成立第一家外汇调剂公开市场，引入会员制和公开竞价成交方式，调剂汇率限价逐步取消，开始自由浮动。至1993年年底，全国各地共建立了121个外汇调剂中心，其中18个是公开市场。由于国内经济过热，人民币面临贬值压力，1993年2月恢复了调剂市场的限价，但这并没有遏制人民币的贬值趋势，反而强化了贬值预期，人民币汇率不断下行。同年7月，中国人民银行首次以市场化的方式调控外汇市场，抛出外汇储备，并再次取消了调剂市场的限价，恢复汇率自由浮动。

转轨时期，官方汇率一直处于相对高估的水平，并不断向外汇调剂市场汇率收敛，其中有三次大幅贬值，分别是：1986年7月5日，从3.2贬到3.7，贬值幅度15.6%；1989年12月16日，从3.7贬到4.7，贬值幅度27.0%；1990年11月17日，从4.7贬到5.2，贬值幅度10.6%。这是由外汇整体稀缺的供求关系决定的，外汇调剂市场汇率一度超过了1美元兑10元。1994年汇率并轨前，在央行的干预下，外汇调剂市场上的美元兑人民币汇率为1∶8.7，官方汇率为1∶5.8，但外汇调剂市场的交易额占比为八成。

汇率双轨制是经济转轨时期的过渡性安排，存在一定的合理性，但只要货币的相对价格不止一种，就一直会存在无风险套利的空间，致使汇率均衡难以实现。外汇调剂市场不仅发挥了调剂外汇余缺的作用，还为汇率形成机制的市场化开辟了试验场。

1991年年初开始，前期宽松政策的通胀效应开始显现，CPI不断上涨，至1994年11月，CPI同比最高上涨到了27.5%。货币政策如何实现对内抑通胀和对外稳汇率的双重目标，成为决策层最为关心的问题。也正是对这个问题的权衡，使得浮动汇率制度改革和人民币汇率重估箭在弦上。

第三阶段：汇率并轨

始于1988年的经济下行周期于1991年开始逆转，并于1992年年初开始出现过热现象。1992—1994年的通货膨胀率分别达到6.4%、13.8%和24.1%，其原因在于前期过度宽松的财政与货币政策。M2增速在1990年为28.9%，1993年上升到46.67%，是改革开放以来的次高水平，仅次于1979年的49.2%。与此同时，政府支出增速也快速增加，剔除债务支出后的政府支出增速在1993年达到30.3%，相比1992年上升了25百分点。

内需增加在贸易收支上也有所体现。1991—1993年，进口增速均超过出口，其中1993年超出21百分点，国际收支差额自1992年开始不断下降，1993年出现逆差119亿美元，外汇储备也随之下降。

1978—1994年是转轨经济时期，计划经济与市场经济并存，与之相对应的是价格的双轨制，体现在汇率制度上则是官方汇率与外汇调剂市场汇率并存，前者调节计划内的外汇收支行为，后者调节计划外的外汇收支行为。官方汇率实行的是有管理的浮动，外汇调剂市场汇率于1988年4月起开始自由浮动，1993年2月重新限价，并于同年7月被再次放开。1994年汇改之前，国内经济过热导致进口需求增加，外汇供不应求，外汇调剂市场上人民币汇率不断贬值，与官方汇率的差距越拉越大，套利的空间难以消除，官方汇率高估难以维持。汇率并轨和人民币汇率重估势在必行。

1994年汇改的主要目标是"稳定汇率，增加储备"，主要内容有三项。

第一，官方汇率与外汇市场调剂汇率并轨。汇率并轨前，外汇市场调剂汇率一度贬至1美元兑11元，在央行的干预之下升到1美元兑8.7元的位置，但仍低于官方汇率。汇率并轨后，原来的官方汇率从1美元兑5.8元降至1美元兑8.7元。表面上看，官方汇率一次性贬值了50%，但基于交易量加权的人民币汇率整体上贬值幅度低于10%。汇率并轨在一定程度上解决了人民币汇率高估的难题。

对于人民币汇率是否应该并轨，决策层基本取得了一致意见。央行是坚定的支持者，这被认为增加了一个调控经济的工具，而且简化了汇率政策。但关于人民币应该升值还是贬值，决策层意见出现了分歧。

当时主要负责货币政策制定的是时任国务院副总理朱镕基，他兼任中国人民银行行长，主要工作目标之一是抗通胀。故他认为，对内来说人民币应该升值。但名义有效汇率升值会导致实际有效汇率升值，致使出口部门出现更严重的收缩。汇率并轨前，人民币实际有效汇率已经在快速上升，最终于1995年年初超过名义有效汇率，并在整个20世纪90年代都位于其上。

1993年，我国的经常账户由正转负，全年逆差119亿美元，外汇储备供不应求，再加上制造业部门的利益诉求，最终使得对内目标服从对外目标，官方汇率一次性贬值50%，向较低的市场汇率并轨。官方对于本次汇率并轨政策目标的阐述是：增强出口部门的竞争力，扭转贸易赤字状况，以及扩大国际贸易规模。其结果就是，1994年之后我国的经常账户收支顺差扩大，外汇储备不断积累，以及出口和制造业部门快速发展。

第二，取消外汇留成制，实行强制结售汇制度。在外汇短缺的时代，集中管理有助于实现特定的政策目标，如保证特定行业或产品的外汇供给等。在实施方式上，办理结售汇业务的银行有外汇周转头寸限额，一旦结售汇头寸高于或低于周转头寸限额，就需要在外汇市场抛售或购买。而作为对手方的央行，则可以通过报价管理的方式调节外汇供求关系和汇率，因此央行报的买价就是最低价，卖价就是最高价。比如，在人民币存在贬值预期时，央行可以在既定的价格上买入，从而使得更低的价格无法成交。这种制度安排有助于人民币汇率的稳定，也缓解了外汇供求不匹配的难题。

第三，建立银行间外汇市场，实行会员制和公开竞价成交方式，以央行公布的基准价为参考，每日波动幅度限定在[-0.3%，+0.3%]以内。低波动区间限制使得日内投机性交易无利可图，限制了市场的价格发现功能。丁志杰等学者于2018年统计了1995年7月21日至2005年7月21日之间共2483个交易日的价差，数据表明，仅有351天（占比14.1%）超过交易手续费25个基点，大多数时间都在10个基点以内。所以从某种程度上来说，银行间外汇市场在初期仍主要发挥着外汇调剂的功能，只是交易对手方从原来的企业变成了商业银行和央行。

除此之外，本阶段还实施了以增值税为基础的出口退税制度（退税率平均约10%），以及经常账户下的人民币自由兑换。这些措施使得中国的经常账户顺差不断扩大，外汇储备快速增加，从1993年的212亿美元增加到了2005年的8,188亿美元，2006年首次突破1万亿美元（10,663亿美元）。1993年的经常账户逆差为119亿美元，占GDP的比例为-3.34%，1994年扭亏为盈，实现776亿美元的顺差，占GDP的比例为1.57%。关于汇改后经常账户改善的原因，主流观点认为出口退税政策的效果更为明显，而非汇率贬值。

附图9为转轨时期的人民币汇率和美元汇率走势。并轨后的前一年半时间里，人民币双边汇率逐步从8.7逐步升至8.28，之后一直维持在这个水平，直到2005年"7·21"汇改。钉住美元的准固定汇率制导致人民币有效汇率随美元有效汇率同步波动，2002年之前不断升值，之后不断贬值。人民币的波动幅度和波动率相对较低。

1994年汇改之后，与"破九望十"的市场预期相反，人民币反而面临较大的升值压力，部分原因在于经常账户扭亏为盈和国际资本加速流入。至1998年10月，人民币与美元的双边汇率从8.72升至8.28，升幅5%。

同一时期，人民币名义有效汇率指数从79.74上升到91.43，升幅14.6%。由于通货膨胀率下行，实际有效汇率指数从66.55升至94.66，升幅达42.2%。为稳定人民币与美元的双边汇率，防止名义有效汇率过快上升，央行开始在外汇市场进行干预，抛售人民币，购进外汇，官方外汇储备快速积累。

人民币有效汇率的快速升值还与亚洲金融危机有关。1997年2月的泰铢危机引发了亚洲金融危机，亚洲新兴市场国家货币开始竞争性贬值，但中国官方向外宣称人民币不贬值，故而与美元汇率同步升值。承诺不贬值可以强化中国和人民币的国际形象，但更重要的是预期干预，缓解资本流出。而且，贬值还会加重企业的外债负担。朱镕基副总理和中国人民银行是人民币贬值的坚定反对者，认为这会危害金融体系，触发系统性金融风险。

作为竞争性贬值的替代性措施，中国采取了扩张性的财政货币政策以抵御危机，基建投资增速提升，利率和存款准备金率下降。配合严格的资本管制措施，中国较好地实现了对外"稳汇率"和对内"稳增长"的政策目标。但是，M2同比增速仍在不断下行，直接导致了1998—2001年的通货紧缩。

2001年的互联网泡沫破灭和"9·11"事件使美国进入降息周期，美元指数不断下行，人民币汇率也随之下降。该趋势一直持续到2008年金融危机前夕。

2001年还是中国加入WTO的年份，从此中国与世界"同呼吸，共命运"。中国的国际收支顺差不断扩大，改革开放初期国际收支逆差（或低顺差）和储备不足的矛盾逐渐转化为国际收支严重失衡和储备相对过剩的矛盾，外汇储备的积累和强制结售汇制度导致基础货币被动投放，引发国内通胀风险上升，货币政策独立性也因此被削弱，原因之一就在于固定汇率难以发挥调节和缓冲的作用。

与此同时，国际上关于人民币汇率被低估的声音越来越大，如IMF在评估报告中称人民币被"显著低估"。2003年9月，美国政府开始抱怨人民币低估，其他G7国家也加入美国的阵营。早在2005年2月，美国的两名参议员林赛·格雷厄姆和查尔斯·舒默就向美国国会递交了一份提案，要求中国在180天内将人民币汇率升到其公允价值，否则就对中国征收27.5%的关税——这被认为是人民币低估的程度。

随着内外形势的变化，2003年年底，中共十六届三中全会提出了完善和深化人民币汇率改革的要求，与美元脱钩和更加浮动的汇率制度改革蓄势待发。但人民币汇率改革和币值重估的着眼点永远在国内。

第四阶段：脱钩美元，趋于均衡

从1994年年初汇率并轨到2005年"7·21"汇率改革，人民币汇率从钉住美元到与美元脱钩，开始由市场供求决定其走势，并参考一篮子货币。在自主、渐进和可控的原则下，浮动汇率制改革措施密集推出。人民币汇率日波动幅度不断扩大，分三步从0.3%扩大到2%，央行逐步退出对外汇市场的干预，资本账户谨慎并有节奏地开放。除此之外，还创建了远期外汇市场（2005年8月8日）和人民币期权市场（2011年4月1日），推动人民币离岸中心建设。"7·21"汇改后，人民币汇率从单边升值（或贬值）向双向波动转变，离均衡汇率渐行渐近。

本阶段人民币汇率改革的特征可以被简单概括为：脱钩美

元、放宽波动和趋于均衡。人民币放弃单一地钉住美元的目标，放宽日波动幅度，增强汇率弹性。这么做看似放大了偏离度，结果与均衡渐行渐近了。这就是价值规律的作用。

1994年后实施的市场化改革和促进出口的一揽子政策措施，促进了国际贸易的发展，国际收支顺差不断扩大。2001年加入WTO之后，经常账户和资本账户（含错误与遗漏账户）的"双顺差"、强制结售汇和维护汇率稳定的组合，增加了央行冲销操作的负担。央行从2002年开始发行央票，回收剩余的流动性，之后又采取提高法定存款准备金率的方式对冲流动性，以此维护物价稳定和货币政策的独立性，但这种冲销操作成本极其高昂。

随着美联储不断降息，中国人民银行官方储备资产的收益率越来越低，其发行的3个月和1年期央票的成本高于美国同期限国库券收益。法定存款准备金对于商业银行而言是一种"准备金税"，提高法定存款准备金率不仅相当于对商业银行征税，增加了商业银行的机会成本，因为存款准备金收益率远低于银行间拆借收益率，而且还降低了中国商业银行的国际竞争力。

为了降低融资成本和保证银行的利润空间，只能压低存款利率，这又相当于将央行冲销操作的成本转嫁到了储蓄者的身上。更为严重的是，央行官方储备金随着人民币的升值面临估值损失。所以随着"双顺差"规模的扩大，冲销干预的成本越来越高。虽然钉住美元有其一定的合理性，但其收益与成本的天平在不断偏向成本端。这就是2005年"7·21"汇改的一大背景，这次改革的主要内容就是与美元脱钩，增加汇率弹性。

"7·21"汇改主要有如下三方面内容。

第一，人民币与美元双边汇率一次性升值2%，从8.28升至8.11。

第二，改革汇率调控方式，即以市场供求为基础、参考一篮子货币进行调节、有管理的浮动汇率制，相比之前，从钉住美元改为参考一篮子货币。值得强调的是，此处为"参考"一篮子货币，而非改革开放之前的"钉住"，这提高了汇率政策和货币政策的自主性。

第三，改革人民币中间价的确定方式。2016年1月3日开始，银行间外汇市场引入做市商制度。每日开盘前，由中国外汇交易中心（CFETS）向做市商询价，去掉一个最低价和一个最高价，取剩余报价的加权平均值，得到当日人民币对美元的中间价，权重由中国外汇交易中心根据报价方的交易量和报价的分布情况确定。人民币对其他货币的中间价根据国际外汇市场上这些货币与美元的双边汇率套算。

附图10是"7·21"汇改以来的汇率走势。"7·21"汇改后，人民币兑美元的双边汇率快速上升，从汇改前夕的8.28升至2008年8月金融危机爆发前的6.83，37个月共升值17.5%。同一时期，人民币有效汇率指数升值幅度相对较小，名义有效汇率指数从88升至96，升幅9%，实际有效汇率指数从85.8升至96.9，升幅12.9%。美元在金融危机爆发前一直处于贬值状态，名义有效汇率贬值12.5%，实际有效汇率贬值8.5%。平均而言，人民币实际有效汇率升值幅度与美元实际有效汇率贬值幅度一致，但人民币兑美元双边汇率升值幅度较高。

2008年9月，以雷曼兄弟公司破产为标志，美国爆发次贷危机，人民币重回钉住美元的策略。在全球避险情绪高涨的情况下，大量资金从新兴市场流出，美元资产反而受到投资者追捧，美元快速升值。钉住美元的策略导致人民币有效汇率指数随美元有效汇率指数同步波动，与"7·21"汇改前类似。至2010年6月19日，金融危机对美国经济与金融市场的强烈冲击得以有效缓解，钉住美元的策略才开始放松，人民币兑美元双边汇率和有效汇率指数重回升值路径。而且相比2008年之前，同步程度更高，至2014第一季度开始出现分化。

有效汇率指数的基期为2010年，在此之前，三个人民币汇率指标均运行在美元汇率之下，此后则均运行在其上，而且人民币实际有效汇率指数也反超了实际有效汇率指数。2010年6月至2014年第一季度，人民币兑美元双边汇率从6.82最高升至6.05（2014年1月），增幅达11.3%，6.05也是1994年汇改以来的高位。同期，人民币名义有效汇率指数和实际有效汇率指数分别提升10.7%和14%，平均略高于人民币兑美元双边汇率升值幅度。美元升值始于2011年第三季度，至2014年第一季度，美元名义与实际有效汇率指数分别升值6.7%和4.9%，相较于人民币有效汇率，美元升值幅度较低，仅为人民币的56.7%（6.7%/10.7%）和35%（4.9%/14%）。2014年第一季度之后，人民币升值趋势开始扭转和分化，主要原因在于美联储政策的转向及其对投资者预期和跨境资本流动的影响。

2013年之后的汇率走势与美联储的货币政策有关。美联储最早在2013年就释放了缩减量化宽松规模的信号，并于2014年10月正式退出，不再扩表，资产购买计划使用的主要标的是国债和

MBS。可以看到，2014年10月至2017年10月的三年时间里，美联储没有再新增资产购买，并于2017年10月开始缩表。

美联储政策的转向吹响了全球资本的"集结号"，大量资金开始流向美国，推动美元不断升值，人民币兑美元双边汇率面临较大的贬值压力。从2014年年底开始，人民币兑美元双边汇率和人民币有效汇率明显分化，前者贬值，后者升值。这是"7·21"汇改以来较少出现的情形。人民币与美元有效汇率分化的情况常见，但人民币兑美元双边汇率与人民币有效汇率分化的情况少见（金融危机期间除外）。部分解释是，美元快速升值，但央行通过干预外汇市场，使得人民币兑美元贬值幅度小于其他货币兑美元的贬值幅度，从而使得人民币兑一篮子货币出现升值。但这种干预只能是暂时的，人民币兑美元双边汇率与美元指数的背离，是以官方外汇储备的下降为代价的。

2015年的"8·11"汇改是一个重要分水岭。参考一篮子货币调节的方式使得人民币定价机制缺少透明度，再加上前期人民币收盘价对中间价大幅偏离，"8·11"汇改的主要任务是推动人民币兑美元的中间价定价机制更加市场化和透明化，其主要方式是当日人民币兑美元中间价参考上一日收盘价而定。这不仅使人民币中间价形成机制更加透明，收窄了当日中间价与上一日收盘价的价差，还有助于央行逐步退出常态化的干预。虽然"8·11"汇改之后的一年多时间里，人民币呈现单边贬值趋势，但对人民币中间价形成机制进行修正之后，人民币不断升值，人民币汇率开始企稳，至今已基本确立双向波动趋势。

"8·11"汇改是人民币汇率制度从"类爬行安排"向更加

浮动的汇率制度转型的重要节点。但是在单边升值或贬值预期之下，容易强化预期，出现开盘涨停或跌停的情况。在美元升值预期加强和国内金融市场波动加剧的情况下推动人民币中间价定价机制改革，结果只能是人民币不断贬值，而且该定价机制还形成了贬值的正反馈循环，所以推行3日便被叫停。2015年8月11日，人民币一次性贬值2%，至2016年年底，人民币汇率最低到了6.95，贬值幅度共计达13.7%。另外，"8·11"汇改后人民币的贬值压力，一部分是对前期压力的释放。

为了稳汇率，央行不得不进行干预，导致官方外汇储备不断下降。"8·11"汇改前夕，人民币快速升值，市场集聚了大量的人民币空头，再加上A股的震荡，在此背景下推动参考上一日收盘价的中间价定价机制，致使人民币形成单边贬值趋势。在这场"人民币保卫战"中，央行抛售了大量的外汇储备，储备规模从最高的3.99万亿美元降到了近3万亿美元。当然，其中也包含了人民币贬值所带来的价值损失。

2016年年初，趁人民币汇率暂时稳定，央行修正了人民币兑美元中间价定价机制，将其转变为参考"上一日收盘价+一篮子货币汇率"而定，二者权重相等。其中，"一篮子货币"是指中国外汇交易中心编制的CFETS指数，最初由13种货币构成，后于2017年1月1日调整为24种。

但是这并没有扭转人民币贬值的趋势，直到2017年5月26日，中间价定价机制被进一步修正为"上一日收盘价+一篮子货币汇率+逆周期调节因子"，以反映中国与国外经济基本面的差异，削弱人民币与美元的联动性。2017年下半年和2018年前4个月，人民币缓慢升值。至2018年4月中旬，人民币汇率升至6.28，升幅9.6%，与"8·11"汇改初期的汇率水平相接近。其后，美国对中国发起贸易战，人民币汇率再次面临"破7"的风险。

回顾人民币汇率70年的轨迹，可以清楚地发现，价值规律始终是有效的，违背价值规律的改革措施始终是难以为继的。固定汇率制有助于贸易的开展，但偏离均衡汇率的汇率水平刺激了套利交易的兴盛，导致大量资金的跨境流动。作为世界第二大经济体和第一大贸易国的货币，人民币汇率市场化改革的作用不仅在于调节内外平衡，也在于缓解全球失衡，还可以增强货币政策独立性。向着更加市场化的汇率制度转型，势在必行。

IMF2017年的年报统计，在192个成员国中，只有31个国家实行自由浮动的汇率制度，其中发展中国家只有4个（索马里、俄罗斯、墨西哥和智利），如此看来，浮动汇率制好像并非主流。但在这31个选择浮动汇率制的国家中，27个是发达国家，而且都是开放度比较高的国家。IMF统计的7个国际货币发行国和选定的5个特别提款权（SDR）篮子货币发行国也都选择了浮动汇率制（或浮动汇率制的改革方向）。值得强调的是，浮动汇率制不应被视为一种信仰，它不等于放任自流。没有适合所有国家的汇率制度，也没有适合一个国家所有时期的汇率制度。

浮动汇率制改革是汇率从外生变量向内生变量转变的过程，内生于宏观经济与金融市场。当一个国家从封闭经济体转变为开放经济体，和其他国家的贸易与资本往来越来越密切的时候，汇率浮动的必要性就会越来越大。作为1994年市场化改革的一项重要内容，汇率制度的市场化"开弓没有回头箭"，而且经过过去

20多年的改革,人民币汇率浮动区间不断扩大,中间价形成机制更加合理,整体水平更加均衡,调节外汇供求和内外失衡的功能也不断增强。

　　但是,我国的汇率制度改革尚未完成,拥有真正的浮动汇率制还需要持续推动改革,参考一篮子货币调节的定价方式要彻底退出历史舞台;央行要停止常态化地、直接地干预外汇市场,转而使用间接调控工具进行干预;还要发展有深度和广度的人民币离岸市场,解决境内外外汇市场发展不一致的问题,这又与人民币国际化问题紧密相连。所以,人民币汇率改革并非单兵突进,而是与其他改革措施协同推进的。人民币汇率改革的下一站,将更多地体现为汇率之外的改革。

内生的人民币汇率

作为货币的相对价格，汇率的变化取决于内外多个政经变量的相对变化，如通货膨胀、劳动成本、融资成本（利率）、财政和货币政策的相对松紧程度、税收政策、就业政策，以及潜在或真实的GDP增速，还包括地缘政治等"灰犀牛"或"黑天鹅"事件。所以，预测汇率对错的概率基本上是50∶50，尤其是短期走势更加难预测。无论是长期还是短期，任何有意义的预测，都应该是条件预测。条件决定结果，故条件更值得被关注。

固定汇率制度中的汇率是一个外生变量，在经济解释中是作为原因存在的；在向浮动汇率制转型的过程中，汇率的内生属性越来越强，应将其作为经济运行的结果看待。

从2005年"7·21"汇改至2015年"8·11"汇改，是人民币汇率市场化改革的10年。人民币逐渐与美元脱钩，改为参考一篮子货币，汇率日间波动弹性越来越大，也从之前的单向升值转为双向波动。早在2015年的评估报告中，IMF就认为人民币汇率不再低估。2019年8月，美国将中国列为"汇率操纵国"的动作是单边政治行为，并未获得国际认可。

随着汇率市场化改革的推进，人民币能否长期升值，将越来越多地取决于中国能否成功转型升级，这在很大程度上又取决于中国在应对外部环境变化和国内经济增速下行过程中的政策选择和政策组合。所以，人民币若能长期升值，将代表一种好的结果。

有人担心人民币升值不利于出口，但也要看到，汇率低估不利于进口和国内的消费。只要汇率低于均衡汇率水平，它就是强制储蓄和压抑内需的力量。这是中国长期以来消费不足的一个重要解释，已不再符合双循环新发展格局的要求。当然，人为提高人民币汇率以鼓励消费的方式也非理性选择，其结果类似于实际利率高于自然利率对投资的抑制作用。

相比人民币对美元的双边汇率，与中国商品国际竞争力的关系更为密切的是实际有效汇率，可以从平均出口价值（或价格）、单位劳动成本和消费者价格（或GDP平减指数）这三个维度分别度量。实际有效汇率升值，则竞争优势下降，反之上升。

历史经验显示，实际有效汇率与一国在世界中的贸易份额的关系并不明确。有学者考察了OECD中6个大国在1950—1993年的情况，研究表明，联邦德国是唯一不能用实际有效汇率的变动来解释其世界贸易份额变化的国家。20世纪五六十年代，联邦德国实际有效汇率整体上是稳定的——60年代以前低于100，之后高于100，但其贸易份额从1950年的3.76%增至1961年的8.8%，1973年进一步升至10.62%，1974—1991年在8%~11%波动。与联邦德国不同的是，实际有效汇率贬值是意大利和日本获取价格性竞争力的重要解释。

从马克与美元的双边汇率来看（图5-3），1971年之前与之后的经验存在显著差异。1971年之前，马克升值并未扭转德国贸易竞争力上升的势头。1971年至20世纪90年代末，贸易份额与马克汇率大起大落，很难说二者是正相关还是负相关，因为其中存在滞后效应。90年代以来，马克兑美元汇率基本在1.5~2.0的水平波动，但德国的贸易份额却呈现出下行趋势。

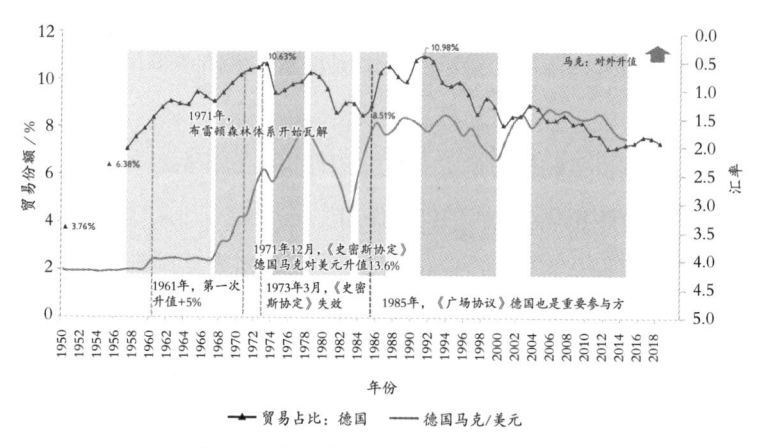

图 5-3　德国贸易份额与德国马克汇率

数据来源：IMF，CEIC，东方证券。

日本的经验相对较为明确（图5-4）。1971年之前，对日元汇率低估基本上是有共识的，它也确实是日本获取价格性竞争力的重要工具。1971年之后日元渐进升值，分别在1971—1973年、1975—1978年和1985—1987年三个时段大幅升值。20世纪90年代初开始波动向上。日本的世界贸易份额基本呈现出倒U形，1985年的《广场协议》是重要拐点。

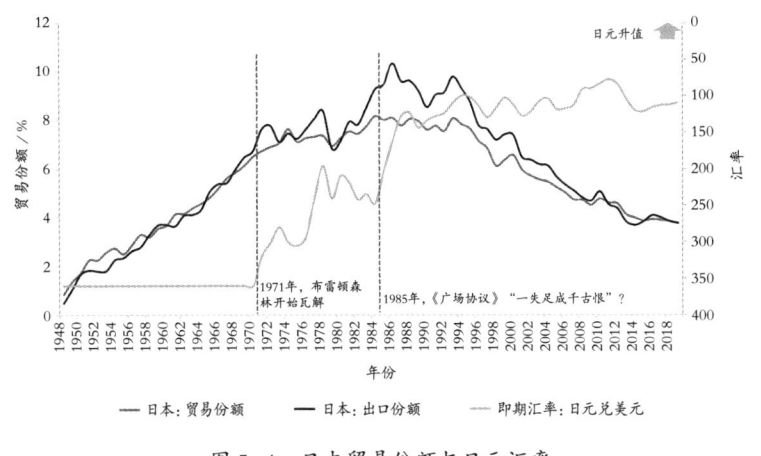

图 5-4　日本贸易份额与日元汇率

数据来源：IMF，CEIC，东方证券。

德国与日本的经验有明显的差异，德国马克升值并未明显降低德国出口的份额。这是因为汇率只是构成价格性竞争力的一个要素，其他非价格性因素有效对冲了汇率升值（和劳动力成本上升）的负面影响：供给侧通过提高劳动生产率和TFP，提升"德国制造"的质量和科技含量；需求侧保持国内相对紧缩的信用环境和克制的财政政策，使德国的物价水平涨幅显著低于其他欧美核心国家。1950—1960年，德国物价涨了22%，法国涨了72%，英国涨了49%，美国涨了27%；1960—1970年，这些国家的物价涨幅分别是30%、51%、49%和31%。1950—1995年，德国平均通胀率仅为2.87%，低于美国的4.11%和日本的4.57%，在23个主要工业国家中排名倒数第一。

结构方面来说，1948年，德国出口的一半以上是煤炭和木材，到1955年，农产品等初级产品在德国出口中的比重就已经很低，而具有价格刚性和高收入弹性的产品，如汽车制造、机械制造、电子技术、化工制品等占比不断提升，1955年占德国总出口的一半，远高于北美的1/3、欧洲大陆核心国家的1/4和日本的1/6。1950—1973年，这些行业占德国GDP的1/4。

早在20世纪50年代末，德国就超过英国，成为欧洲最大的出口国。也正是在此时，关于马克要不要升值的话题也开始在德国热议。1961年3月马克升值5%，但并没有缓解经济过热的态势。到60年代末，马克升值逐渐成为共识。马克汇率低估被认为与过度工业化有关，尤其是出口部门的过度工业化。所以，马克实际汇率的提升，被认为是阻止数量继续扩张的手段，是资源配置的一种方式。从这个方面来说，汇率升值是倒逼产业和价值链升级的一剂"苦口良药"。

德国经验充分说明了供给侧——创新、质量提升和产业升级，对于出口竞争力的重要性，这也是在实际汇率提升的同时扩大贸易盈余和提升贸易条件的有效手段，价格性竞争力终究是不可持续的。汇率提升也是倒逼国内产业升级的手段。"当马克真正升值时，德国承受了更大的压力，不得不放弃国际贸易中模仿性更强、劳动更密集但竞争性更弱的生产活动……贸易部门的未来在于人力资本密集型活动，通过提供人力资本和新知识作为创新条件，为这些活动提供最大支持。"在这方面，德国和日本提供了正反两方面的经验。为应对汇率升值的挑战，德国保持了宏观政策上的克制，用非价格性竞争因素保持了出口市场份额；而日本则采取了财政和货币双扩张政策，欲以内需扩张缓冲外需收缩，结果却使经济走向泡沫化，泡沫破裂之后走向停滞。

汇率是一国在贸易上获取价格性竞争力的重要工具，汇率低估是后发国家在经济起飞时常用的手段，但这并不是没有代价的。任何国家在制定政策时的着眼点都是内部均衡：无通胀条件下的充分就业和经济增长。虽说外部均衡常居于次要地位，但它也是内部均衡增长的一个条件。对于非储备货币发行国而言，这往往意味着一定的贸易盈余，其代价就是消费需求、劳动要素、非贸易部门等受到压抑，还直接导致金融抑制的政策环境。显然，汇率低估已经不符合当下中国的经济环境，也不符合改革开放的目标任务。因为在双循环新发展格局中，消费是战略基点。

对人民币的猜想

人民币会继续升值吗？会升到什么位置？在金融开放的大背景下，是否会引发热钱流入，推升国内资产价格的泡沫？

笔者认为，中美很难在人民币与美元汇率的合理位置上达成共识，但确定一个所谓的"底线"是有可能的。对美国而言，希望设置的应该是人民币贬值的底线。如同《卢浮宫协议》所确定的"双重走廊"：当人民币跌破第一个底线时，中国需要采取某些措施，如提高外汇风险准备金率等；如果人民币继续贬值并突破第二个底线，中国甚至需要在外汇市场进行一定的干预，中美两国也有可能会协调干预外汇市场。

人民币汇率已经接近均衡位置。中美贸易摩擦发生以来，人民币汇率从6.3降到了7.1，降幅12.7%，但这并不是由经济基本面决定的。早在2015年，IMF在评估中就称人民币汇率已"不再低估"，而那时的人民币兑美元汇率就在6.3左右的位置。2005年"7·21"汇改以来，人民币汇率长期单边升值，这是一个均值回归的过程，10年时间升幅接近30%。在这个过程中，中国的贸易收支顺差占GDP的比重不断下降，在2010年前后下降到3%的合理水平内，2018年仅为0.3%，这也反映出人民币汇率水平趋于合理。2015年"8·11"汇改之后，人民币兑美元的中间价定价机制更加市场化和透明化，虽然之后人民币持续贬值给外汇储备造成一定压力，但这与当时美联储加息和中国金融去杠杆的宏观环境是密切相关的，并非基本面因素。

关于人民币汇率何时走完单边升值过程，笔者认为，从2005年"7·21"汇改人民币与美元脱钩算起到2015年的"8·11"汇改，人民币的单边升值可以被看作均值回归。"8·11"汇改之后的4年，人民币开始双向波动，人民币有效汇率指数的中枢在120左右，人民币兑美元汇率的中枢在6.5左右。所以，在不发生系统性金融风险事件的前提下，人民币并无长期贬值的基础。可能引起人民币大幅贬值的情形有两个：一是风险资产价格崩盘，引发系统性金融风险；二是货币政策的持续、大幅宽松，引发通货膨胀。决策层对资本账户开放的态度一直比较谨慎，在实体经济不出现硬着陆的风险和中美经贸关系不进一步恶化的前提下，资本大量外逃的可能性也比较小。

如果中美经贸关系持续改善，由于中美利差的存在，短期来看，人民币升值是大概率事件。笔者将日元和人民币汇率，以及汇率制度改革和重要国际事件做了一个对照（图5-5）。日本是1949年推行钉住美元制度的，中国则始于1994年。同样，日本是1973年改行浮动汇率制的，中国从2005年不再钉住单一美元。故事的前半场极其相似，下半场又会如何？

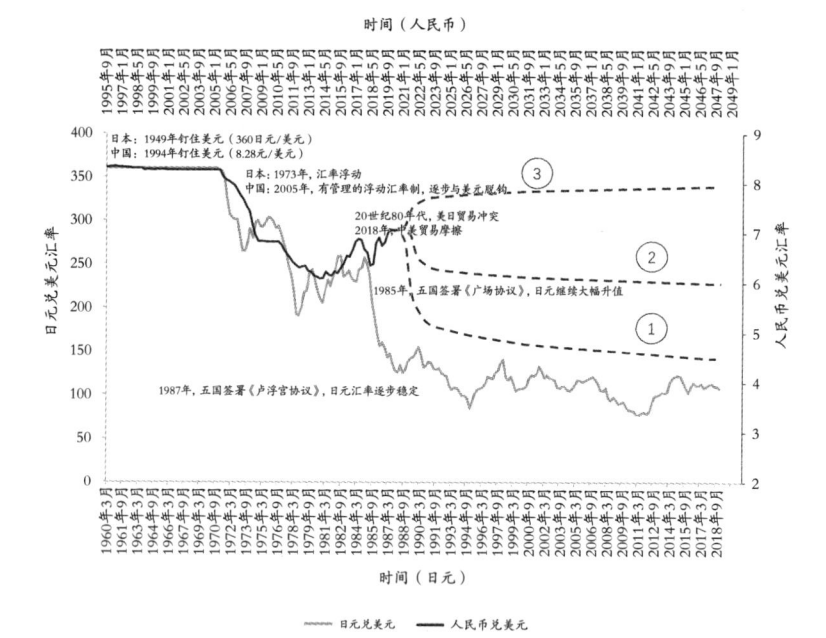

图 5-5 日元走势，以及对人民币汇率的猜想

注：日元走势的起点是 1960 年，目的在于保持日元与人民币钉住美元的时间段相等。

数据来源：Wind，东方证券。

图5-5也对人民币未来走势做了猜想，图中的三条虚线，前两条代表的是人民币升值，第三条代表的是人民币贬值。要是人民币复制日元1985年之后的故事，对应的就是虚线①。关键问题是，日元在1985年之后何以持续升值？笔者认为有两个原因：一是日本在海外布局的产业链，可谓在海外再造了一个日本；二是1990年泡沫破裂之后，日本国内长期通缩。至少从目前来看，中国是不具备这两个条件的，但也不能因此就否定虚线①所代表的

路径，因为这两个条件并非必要条件。人民币汇率的长期趋势，取决于中国经济的基本面。从新时代改革的要求来看，主要取决于全要素生产率能否提升，这又取决于供给侧结构性改革的成效，改革的成效决定了人民币汇率的趋势。

最后需要强调的是，"低估有利"观念体现的是贸易思维，如果从金融供给侧的角度来看，结论可能相反。因为，人民币汇率低估是塑造中国金融抑制体制的源头之一，而金融抑制又是导致国内金融市场结构性失衡、资本市场发展和金融开放相对滞后的原因之一。罗纳德·麦金农认为："凡是那些在稳定物价和汇率方面获得成功，同时在开放的资本市场上对银行存款保持一定的正利率的国家，其真实资本产出效率都要大大高于金融体制仍处于'抑制'状态下的那些国家。"人民币汇率价值回归，将为改革金融抑制体制奠定基础。

人民币的国际化使命

货币国际化是指：货币的部分或全部职能从发行经济体所在区域或原使用区域，扩张到其他经济体、国际区域乃至全球范围，最终演化为区域货币乃至全球通用货币的动态过程。这些职能包括交易媒介、计价货币和储备手段，其中储备手段对应的国际化程度最高。信用货币体系下，货币国际化的过程实际上是外部对货币发行者综合实力和信用水平认可度提高的过程。因此，人民币国际化的基础必然是中国的崛起。在人民币突破经济体边界，货币职能向海外拓展的过程中，中国的影响力也在加强。

人民币也仍将历经美元的国际化之路——贸易人民币、"一带一路"人民币、金砖人民币、石油（资源）人民币、欧洲（离岸）人民币和地缘安全人民币，各方向一同发力，并驾齐驱。中国庞大的外汇储备将如同驶向深蓝海域的航母战斗群一样为人民币国际化保驾护航。笔者曾写过，经济学有三大难题——货币、全球化和中国，那么"中国—货币—全球化"肯定是全球经济中最富挑战性的工作了。

第 5 章 汇率市场化改革与人民币国际化

最近几年，一度冻结的人民币国际化进程再次破冰，在相关领域取得的进展超过了之前10年的总和：汇率日内浮动区间扩大，外汇管理制度调整，主权基金出海，跨境结算快速发展，金砖国家合作打造"小三驾马车"，自贸区建立，沪港通出台。这一系列措施强烈表明，未来10年不仅是中国经济的转型期，也是人民币国际化的关键时期。

回顾历史，从银本位到金本位，从英镑到美元，国际货币体系中货币地位的起落与对应国家综合国力的变化密切相关。人民币国际化是对外开放的重要议题之一，也是理解中国积极参与全球化规则重构的重要主线，还是对接全球金融体系与提升中国整体影响力的重要策略，更是从贸易输出转变为投资输出后的自然结果，即与影响力扩展相适应的货币输出。

中心货币超发的外溢性使得中国和其他新兴经济体长期受到不利冲击，日益被动，这些冲击包括原材料成本上涨、经常账户差额逆转、汇率急剧波动、国际资本冲击等。如果人民币国际化，则可以适当导出人民币（以及外汇储备）货币洪水，同时挤压其他货币滥发和操纵的能力。根据我们对全球货币体系变迁与全球经济失衡的研究，未来人民币以生产型国家的代表性货币上位，是国际货币体系走向稳定、均衡和公正的唯一解。从这个角度来看，人民币国际化是使命的召唤，是一项国家战略。它是对高烈度国际货币竞争形势的正面回应，中国需要以人民币国际化为手段，提高自身在货币竞争烈度日益提升的国际金融中的主动性。

人民币国际化是中国当下改革中提高经济开放程度的核心战

略之一。如果说改革开放的前几十年里，中国对外经济发展是由以中国制造为代表的国际贸易驱动的话，那么未来几十年，中国将进入以人民币国际化为驱动的全面开放时代。我们可以从对外经济利益交换的角度理解中国的改革开放政策，其中人民币国际化只是手段而非目的——人民币国际化是中国经济转型的大背景下实现对外利益交换模式转换的重要变革之一。

长期来看，要保持经济和金融的稳定，构建中国对外利益交换的新模式，必须构建另一种完全不同的政策组合，即提高汇率弹性和利率市场化程度，建立现代化金融体系，放松资本管制并最终实现人民币完全兑换。这些内容要么作为前提，要么作为内涵，都可被归纳到人民币国际化的主线中来。

另外，随着居民收入提高和中产阶层规模的扩大，以及老龄化的发展，中国的内需将越来越庞大。一方面，这意味着技术和资源的获取策略很重要；另一方面，中国还需要通过人民币国际化来多样化全社会资产负债表的币种结构，即通过提高对外负债杠杆水平，获得更大的消费和发展空间，缓解长期的老龄化压力。

人民币汇率在其市场化形成机制方面，虽然依然有一定的政府干预特征，但制度上已取得明显进步。一方面，随着人民币汇率市场化改革逐步推进，人民币的波动幅度逐步扩大，1994年人民币对美元汇率日内浮动幅度是0.3%，2007年扩大至0.5%，2012年扩大至1%。2014年2月，这一幅度扩大到2%，这是改革推进的重要一步。预计未来幅度还将进一步扩大，最终实现完全的自由浮动。另一方面，随着香港这个人民币离岸金融中心的建立，人民币的在岸汇率

（CNY）与离岸汇率（CNH）之间的偏差已显著缩小。

资本账户可兑换

从战略来看，人民币国际化意味着中国金融市场的全面开放。初步的看点是资本账户自由兑换和离岸金融中心建设。人民币国际化最大的特点在于，其初步阶段是与资本账户自由化同步进行的，两者之间并没有必然的先后顺序，这样的经验在国际范围内都是很少的。在资本账户达到一定的开放程度之前，对外贸易的跨境结算是人民币输出的重要渠道。

在汇制改革逐步推进的支撑下，中国的资本账户会随着人民币国际化的推进而逐步自由化。中国资本账户中完全不可兑换的项目不多，主要是非居民参与国内货币市场、基金信托市场及买卖衍生工具等；部分可兑换项目占较大比例，主要集中在债券市场交易、股票市场交易、房地产交易和个人资本交易四个方面；而基本可兑换项目已经不少，主要集中在信贷工具交易、直接投资、直接投资清盘等方面。

我们预计，未来中国资本账户各项目的自由化应会根据以下四个原则推进。

第一，总体安排上肯定以渐进式而非激进式的开放为主。经济体量变大后试错成本会变高，新兴市场多次危机的教训也让政策制定者变得谨慎。

第二，目前已有试点的项目会优先开放，包括QFII、QDII、人民币对外直投、国债市场、私人持汇。

第三，先长期后短期、先实体后虚拟、先机构后个人。这能够降低短期资本流动过于频繁所带来的冲击。

第四，促进人民币跨境流通，加大人民币跨境流量。在人民币国际化的倒逼下，最近几年将是人民币兑换自由化措施的力度和密度最大的时期。

另外，中国资本账户最终只能实现有限自由化，中国对部分资本项目的管制会一直保持，资本账户开放的状态和进程是国内经济发展的开放需求与安全需求平衡的结果。预计对衍生品交易、个人资产跨境转移以及部分不动产交易会长期管制；即使对于一些已开放的项目，政府也会一直保持较强的监管。

在这一过程中，人民币国际化的推进线索也就逐渐清晰起来。

其一，人民币的影响力是与中国的综合国力和地缘辐射能力同步发展的。我们认为，人民币的国际化之路会顺次经历周边化、金砖化、亚洲化和全球化的过程。信用货币在全球接受程度的提升，本质上是其发行国在全球接受程度的提升，影响因素包括经济、金融和对外贸易规模、物价稳定性、国家信用、本币金融资产的市场深度与广度、国内金融机构与金融监管的能力等。

其二，人民币的国际化必然伴随着人民币离岸与在岸金融中心的快速发展。香港作为未来人民币最重要的离岸金融中心，在人民币国际化战略中有不可替代的地位。香港的经济金融环境加上特殊的政治地位，使之成为人民币国际化天然的离岸试验场，通过对人民币跨境流动、回流和资产池规模的控制，中国可以显著提高人民币国际化进程中的可控性。当然，资本账户开放和国内金融改革才是突破瓶颈、推升人民币国际化量级的关键。

其三，从内部博弈的角度理解，中国未来的利改、汇改、金融体系改革再到资本账户自由兑换，并不会有明显的先后顺序，可能是同步并行，采取成熟一项、推出一项的节奏。这样虽然会产生一些风险，但由于有天量国际储备和政府对金融体系掌控能力较强的保障，特别是新一代以央行为核心的宏微观一体化监管框架正在构建，因此这些风险是可控的。

人民币国际化的下一站

主要国家货币的国际化，往往都伴随着该货币离岸金融市场的发展。20世纪80年代国际银行设施（IBF）的推出提升了美国银行业的竞争力，日本东京离岸市场（JOM）的建立则助推日元成为国际储备货币。

打通人民币出海的通道，通过贸易和投资结算输出人民币，是国际化初级阶段的主要内容。为了提高非居民持有人民币的意愿，除了需要保持国内本身经济增长和物价稳定，拓宽人民币资金的投资渠道和提高收益水平也是必要的。在这方面，中国目前的做法是：一方面打造以香港为主的离岸人民币市场，培育"亚洲人民币"及其资产池；另一方面则通过RQFII、FDI、境内主权债务市场等渠道，拓宽人民币资金的投资渠道。随着这些措施的推进和深化，境内金融体系和资本账户开放也会逐步推进。

目前人民币国际化进程虽明显加速，但资本账户兑换尚未开放，初步建立一个内外分离型的离岸金融市场更加符合中国当前的环境。将美国、新加坡与东京这三个由政府主导形成的亚洲离岸金融中心作为中国完成渐进式的管制放开的借鉴，我们认为，建立内外分离型离岸中心将有利于防范境外资金冲击境内货币体系的风险，并有助于实践人民币离岸存款利率市场化，试点资本账户的局部开放，探索人民币国际化的可能。在这一过程中，从事离岸业务的金融机构将明显受益于本国离岸市场内本外币资金交易额的迅猛扩张。

人民币国际化陷入目前的僵持状态，资本账户开放停滞，是因为在美元升息周期中出现了一定程度的资本外流，所以相关管理部门收紧资本账户，并启动对所谓庞大金融集团的打压。资本账户开放重点转向账户内的联通式开放，例如各种"通"，资本并没有实际离开账户体系，但又让中外投资者可以相互感知到对方的市场。

那么，人民币国际化的下一站究竟在哪里？应该是人民币作为交易货币和计价货币的推广。例如未来所有关键大宗商品都必须由人民币计价。当然，如果要形成有市场影响力的价格，就需要全球众多玩家的参与。这必然要依托自贸区（未来自由港）资本账户的精准开放，即拓展自由贸易账户（FT账户）的功能。

更重要的是，中国已经承诺加大金融开放力度，开放内容集中在业务放开、机构放开、市场放开三个方面。这必将全面有序和可控地推进人民币国际化的进程和深度，一个新时代正在加速到来。

数字货币有助人民币国际化

从商品货币到信用货币，货币的价值属性不断向交易的便利性妥协。然而，以降低交易成本为使命而诞生的货币，却成为交易成本不断上升的根源之一。这反映在国际经济和金融交易中。那么，数字货币能否解决或者能在多大程度上解决全球经济、金融和货币体系的失衡问题？数字货币的发行能否成为推动人民币国际化的可行途径？

人民币数字化与国际化

中国很可能是世界上第一个发行主权数字货币的国家。当前的共识是，数字货币是对现金的替代。从目前的设计方案和定位来看，数字货币主要影响的是交易清算环节。

从消费者的角度来说，中国版数字货币项目（DCEP）并没有多大的颠覆性可言，无非是继续用支付宝、微信或银联，还是直接用数字货币钱包。本节主要关注的是其对人民币国际化的意义，即发行数字货币是否有助于推动人民币国际化。

要回答这些问题，需要进一步厘清人民币国际化的关键是什么，是技术或者是货币形态吗？如果不是，人民币国际化在多大程度上与技术相关？笔者认为，数字化无疑有助于人民币国际化，但这种正相关是否显著，还不太确定。用计量的语言来说的话，如果以国际化为因变量，以数字化为解释变量做一个回归，假定数字化的β系数为正，我们更想知道的是，β系数有多大，它是否显著？这两个维度都还未知。笔者的观点是，技术对于人民币国际化是次要因素。

对一国货币的国际地位，可从交易、结算、储备、定价等维度进行评估。最近10年中，人民币国际化一直是一个被广泛探讨的话题。人民币国际化进程正在有序推进，也取得了诸多成就。如2015年12月1日，IMF宣布将人民币加入SDR，且权重仅次于美元和欧元，超过日元和英镑。但迄今为止，人民币的国际化水平仍然较低。

数字化之路是正确选择

2008年金融危机之后，美元的国际地位不降反升，人民币的国际地位虽有加强，但仍然处在一个与中国综合经济实力不相匹配的低水平层面上。这说明即使是金融危机，也未撼动美元的霸权地位。

19世纪末，美国工业总产值已超过英国，但美元依然弱势。直到一战和二战冲击了欧洲，美国是这两次世界大战唯一的赢家。一战后，美元迅速取代英镑，成为最主要的国际货币。

由史观之，美元之所以能在较短时期内取代英镑成为最重要的国际货币，重要原因是英国在货币制度选择上犯了大错，致使英镑失去了锚的属性。二战后确立的布雷顿森林体系强化了美元的权威地位，最终确立了美元霸权。1971年，理查德·尼克松关闭黄金窗口。1973年布雷顿森林体系彻底瓦解，美元霸权反而再次得到强化，2008年金融危机之后亦是如此。可见货币有着极强的网络外部性，赢家通吃，在位优势非常明显。这是一种排他性的权利。

美元国际化的经验显示，一个国家的货币能否成为重要的国际货币，关键不是其做对了什么，而是别人做错了什么。笔者认为，在人民币国际化重要事项排序中，最关键的是美国和欧洲做错了什么，其次是中国自身做错了什么。中国要少犯错，同时还要努力做正确的事。

少犯错的第一个体现就是人民币汇率问题。一个基本原则是，汇率是工具而非政策目标。人民币汇率制度改革是改革任务之一。

少犯错的第二个体现是遵循市场化的先后次序，谨慎开放资本账户。在资本账户开放的过程中（或之前），逐步建立风险隔离和缓冲机制，针对不同性质的资本流动（流入和流出），有的放矢，稳步推进，结构化调控。当然，调控政策也应该以市场化为主导，一个可选的措施是课征托宾税[1]，尽量减少行政干预，因

---

[1] 托宾税（Tobin Tax），是指对现货外汇交易课征全球统一的交易税，旨在减少纯粹的投机性交易。

为实证经验显示，市场化的调节措施造成的扭曲较少。

所谓正确的事，笔者认为，由于当前货币体系僵化、存在弊端，走数字化之路无疑是一个正确选择。纵观货币演化史，随着从商品货币到信用货币的演化，货币自身的价值属性不断向交易的便利性妥协。然而，带着降低交易成本之使命而降生的货币，反而成了增加交易成本的源头之一。这不仅体现在国际经济和金融交易活动中，还体现在金融危机、安全性和保密性上。后布雷顿森林体系——美国体系——在便利交易的同时，也加剧了全球经济和金融的结构性失衡。至今，"特里芬难题"仍未解决。中国央行若率先发行数字货币，或许是一种推动人民币国际化的可行方式，因为这会提升交易的便利性。当然，我们也应该认识到，技术要素并不是人民币能够成为国际货币的主要因素。

笔者认为，央行发行数字货币，更多着眼于国内因素，因为这是大势所趋，而且数字货币确实有诸多优势。而人民币国际化，更多时候是一件水到渠成的事情。

第 6 章

流动性变局下的中国资本市场变革

国内资本市场改革"背水一战"

资本市场贯穿于企业和产业生命周期的全过程，对于中国实现动能转换、产业升级和高质量发展而言至关重要。

21世纪以来，中国新经济从萌芽到发展壮大更多的是曾依赖境外的资本和资本市场，一者在于任何国家资本的积累都需要经历工业化的过程，二者在于国内资本市场制度仍然是为工业化服务的，制度更新落后于产业发展。时过境迁，一方面，40多年的工业化和改革开放为中国积累了大量资本；另一方面，中美关系转变不仅使赴美上市的中概股面临更严格的监管要求，还增加了国内企业赴美上市的难度。在中美竞争难有转机的背景下，国内资本市场改革面临"背水一战"。

中国公司赴美上市将面临更严格的信息和独立性审查

2020年4月2日，瑞幸咖啡首席财务官自曝财务造假一事引发国内外广泛关注。同年4月19日，瑞幸发公告称收到纳斯达克退市通知。瑞幸创造了最快上市纪录，也创造了最快退市纪录。在中美关系紧张时期，此单一事件被无限放大。在美上市的中概股集体遭受信任危机，负连带责任。同年5月21日，美国参议院通过《中国公司监督法案》（Chinese Company Oversight Bill），旨在加强对在美上市的中概股的审查，包括财务审查和独立性审查。名义上，该项法案要求中国公司与其他在美上市的公司遵守共同规则，但中国公司还可能遭遇"特殊待遇"。USCC建议中国公司公布的信息包括以下内容。

（1）中国政府提供的财政支持，包括直接补贴、赠款、贷款、低于市场利率的贷款、贷款担保、税收优惠、政府采购政策等。

（2）提供这种支持的条件，包括但不限于出口业绩、从特定的当地生产商采购、采购当地知识产权、指派党员或政府人员担任公司职务。

（3）在公司内设立党委会的情况，包括：设立公司党委，该党委在公司内的地位，由哪些公司人员组成，以及这些人员发挥什么作用；在中国公司、美国子公司或合资企业的职员和董事，目前或曾经担任过中国共产党官员和/或中国政府官员（中央和地方）的情况，比如职位和地点。

吸引美国政府注意力的并非只有股票市场，还有包括风险投资（VC）在内的私募股权投资（PE），因为这可能导致技术所有权的转移。在美国（FIRRMA）新增的四种可能威胁国家安全的"受管辖交易"中，关键技术的安全是最重要的范畴。一个具有代表性的例子是，美国贸易代表办公室（USTR）专门考察了"至少有一名中国投资者参与的美国VC交易的价值"和"至少有一名中国投资者参与的美国VC交易数量"。

美国所担心的,就是中国要集中全力发展的。资本和科技创新构建了美国霸权地位的护城河,也必将成为中美竞争的长期关键词。

资本与技术是中美竞争的长期关键词

在"经济安全就是国家安全"信念的支配下,任何威胁美国经济领导地位的实体都可能受到美国当局的特殊对待。无论是在经济总量还是在具体产业,尤其是在互联网和新一代信息基础设施产业上,中国已经构成对美国的挑战。但是,中国经济的发展过于依赖境外资本或资本市场,以及国内市场或政府产业政策的支持和保护。

自20世纪90年代初开始,中国企业赴美上市蔚然成风。除了国内资本市场的门槛太高,另一个重要原因是,在首次公开募股(IPO)之前,大多数公司都接受了来自美国、日本等国家VC的投资。在中国资本账户仍受管制的背景下,选择在美国上市是早期投资退出的最优方式。当然,这还与美元的国际货币地位有关,美元融资有助于企业实施国际化战略。除了资本因素,国内市场和产业政策的支持与保护对于中国新经济的发展也至关重要。为此,美国的特朗普政府曾多次发布官方文件,批评中国政府在互联网信息通信等领域存在"不公平竞争"行为。

中概股信任危机牵一发而动全身。IPO是企业成长及与资本市场打交道的中间环节，在此之前的天使投资和PE，以及前后都有可能的兼并/重组/定向增发等，在企业生命周期的不同阶段发挥着各自的作用，它们彼此之间相辅相成。美国监管政策趋严，加大了中国公司赴美IPO的不确定性，也将打压已上市中概股的估值倍数。对于新经济公司来说，这无疑是极端不利的。因为没有二级市场的退出方式和高估值的吸引力，吸引早期投资的难度将增加。没有早期资本的加持，企业的市场边界会显著收缩，这对于赢利的规模门槛越来越高的互联网信息产业而言，可谓致命打击。没有市场资本的加持，从基础科学到创新，再到创新的扩散和产业链的形成，都难以实现。

美国长期引领科技创新的关键词是技术与金融资本。正如美国《商业周刊》首席经济学家迈克尔·曼德尔所说的："如果技术是美国经济的新引擎，那么金融就是燃料。"简而言之，美国长期引领科技创新的关键词包括：科研院所的基础科学研究，硅谷的创新精神、产研融合体系和风险资本，华尔街的顶级投资银行和资本市场，以及美国政府的创新产业政策。要想掀起产业革命，各要素缺一不可。

当下，以5G、区块链、云计算为代表的新一代信息技术产业和人工智能、生物工程、量子计算等基础创新都处于市场形成或发展的关键节点。在即将到来的智能时代，谁能掌握更多的基础性创新，谁就更有可能成为世界体系的中心国，这是自工业革命以来五次技术革命的经验总结。无论是资本还是技术，中国都须转向独立自主。

资本市场改革和开放是"背水一战"

以银行为主导的金融市场结构和金融抑制的制度安排为政府主导的产业政策提供了有力的支撑，这是中国能够在40多年的时间里创造奇迹的一个重要解释。但矛盾已经变化，资本短缺已转变为产能过剩，需求扩张面临效率下降和外部掣肘的双重约束，旧有的追求高速度的粗放型经济发展模式不符合高质量发展的要求，创新驱动发展战略要求有与之相适应的融资模式。这显然是银行间接融资无法满足的。在外部面临美国的资本和技术封锁，内部又面临经济发展模式转变和产业升级的背景下，国内资本市场改革面临"背水一战"。

资本市场改革在科技创业和产业升级中发挥着"牵一发而动全身"的作用。基于对中美关系在较长时期内难有转变的判断，以及资本市场对于产业革命的重要性的认识，笔者提出以下建议。

第一，转危为机，由上海证券交易所牵头，成立应急工作小组，联合国内头部证券公司和律师事务所，加强与中概股公司高层的沟通，开辟"绿色通道"，探索科创板吸收在美上市中概股回流机制。大市值公司回流科创板有助建立示范效应，助力科创板健康发展。与此同时，科创板与创业板注册制改革和退市制度需两手抓，只进不出会导致"劣币驱逐良币"。

第二，加大金融开放，将各项举措落到实处。"瑞幸事件"之后，金融改革和开放需进一步提速。在"走出去"越来越难的情况下，要加大"引进来"的力度。渐进推进资本账户开放，但需加强监测，建立风险防范预警和缓冲机制。加强对短期资本的出入管理，密切监测资本流入，分析资本流动结构，加征托宾税，提高短期资本流入和流出的成本。逐步放开外资金融机构在国内设立分支机构、开展相关金融业务的限制，这有助于增强国内金融机构在国际竞争中的自生能力。

第三，可视金融市场状况小幅调节IPO的速度，但不可轻易按下暂停键，因为这将严重影响资本市场生态。IPO的不确定性会反馈至早期阶段的投资，不利于企业融资和战略布局，也会扰乱企业生命周期。

第四，中国资本市场发展与人民币国际化相辅相成。保持财政、货币纪律和维护汇率稳定，都是必要举措。同时，全球处于"三低两高"的宏观经济形势下，而中国却保持着较高的潜在经济增速和正常货币政策空间，加上新冠肺炎疫情的传播在国内和国外存在时间差，中国提前进入经济修复期，这实际上提供了一个"黄金窗口期"，可以尝试着在境外（包括中国香港）金融市场或者是上海自由贸易试验区，向国际投资者发行以人民币（或多币种）标价的国债来为扩大的财政赤字融资。这不仅有助于推动人民币国际化，还可以降低公共开支对国内私人部门的挤出效应，同时还拥有成本优势。

第五，维护香港社会秩序稳定，支持香港金融中心建设，提高港股与A股的互联互通程度。

"金融活，经济活。金融稳，经济稳。"金融供给侧结构性改革在供给侧结构性改革中占重要地位。金融供给侧结构性改革，一方面是消除金融抑制，即利率和汇率市场化，政府逐步退出信贷的分配，逐步放松资本账户管制，以及加大金融服务业的开放等；另一方面，就是要提高直接融资比重，健全多层次资本市场，使其成为点燃技术革命的燃料。这是金融供给侧结构性改革确定的方向。

经济转型的关键在资本市场

企业生命周期的各个时期，需要构建与企业生命周期不同阶段相匹配的多层次资本市场，从天使投资到VC，再到PE，以及IPO股权融资、增发和并购重组等。

当今的中国与20世纪七八十年代的日本有诸多相似之处。中日两国在人口红利、工业化战略、出口导向、投资驱动、产业政策、资本管制和金融抑制的政策组合上有诸多相似之处。2008年金融危机之后的中国又出现了不少新的问题：后刘易斯拐点、人口老龄化、信用膨胀、房地产过快发展、经济增速动能不足和动能转换、后工业化、城市化减速、人民币升值、国际收支盈余下降……当前阶段，我们知道日本的路是错的，未来需要自己摸索，寻找转型的方向。

一个现实的问题是，中国经济增速下行，到底是需求侧的问题，还是供给侧的问题？周期上来看是需求侧，趋势上来看是供给侧，表现为潜在经济增速即自然增长率的下行。从表面上看，中国经济增速下行的直接原因是2008年金融危机，这是需求侧的冲击；但在此之前，中国潜在经济增速已经下降，这是因为传统的经济增长模式已经遇到了瓶颈。

一方面，2004年前后中国进入后刘易斯拐点时代，农村转移劳动力供应不足，非熟练劳动力工资开始上升，不断侵蚀中国制造业的全球竞争力；另一方面，2011年前后中国开始进入老龄化社会，老龄人口占比超过10%且不断上升，劳动人口占比出现下降，新出生人口不断创新低。这些都意味着人口红利渐行渐远。

经济增长要求要素之间达成匹配，在技术不变的情况下，劳动力供给不足自然带来资本产出效率的下降。而且，在投资驱动工业化发展战略的指引下，金融配置资源的低效，导致了产能过剩的情况。劳动要素出现短缺，资本要素边际报酬下降——这就是供给侧结构性改革所要面对和解决的问题，转变经济增长动能，是中国转型的方向。党的十九大报告明确指出，中国经济转型的一个维度就是经济增长动能的转型，即由过去依靠要素投入，转变为依靠全要素生产率的提升。

过去40多年里，中国全要素生产率的提升主要源自劳动力要素的优化配置，那么未来在人口红利不断消失的背景下，全要素生产率的提升，将更加依赖资本的优化配置。这是金融供给侧结构性改革的核心逻辑，也是未来金融市场化改革的主线。资源配置效率和微观主体效率这两者，都与金融市场能否发挥资源配置的功能有关。中国的金融结构仍然是一个银行间接融资占主导的金融结构，如何发挥利率的信号作用，仍然是金融供给侧结构性改革的重点。但是，间接融资结构天然地与科技创新很难融合，特别是在以互联网为代表的轻资产领域。银行贷款的一个基本条件就是抵押品，抵押品价值越高，融资额就越大，价值越稳定，融资比例就越高。而创新，有时候只是一个想法。

所以，银行大多为成熟企业提供融资，在此之前企业则需要多层次的资本市场。所谓多层次的资本市场，就是构建与企业生命周期不同阶段相匹配的资本市场，从天使投资到VC，再到PE，以及IPO股权融资、增发和并购重组等。美国科技创新实力强大，不只是因为有硅谷，还因为有华尔街以及硅谷的VC。中国要想转变经济增长动能，在人类第四次科技革命中获取有利地位，就将不得不更多地依赖资本市场，充分发挥市场的决定性作用。

科创板的使命

邓小平认为，科学技术是第一生产力。约瑟夫·熊彼特认为创新是经济发展的根本现象，是突破平庸的循环流转过程的基本力量。而企业作为科技创新的重要载体，则是创造性破坏机制得以发挥作用的关键。

中国有句老话："星星之火，可以燎原。"1927年国民大革命失败后，毛主席曾以此为题，号召革命队伍抓住事物的本质，不宜过度悲观。那么，科创板的本质是什么，在新时代的中国和"改革开放2.0"中肩负着什么使命？

资本市场与科技创新

据统计，在经济增长中，科技创新平均贡献了85%。所以，著名管理学大师迈克尔·波特认为，一个国家要想提升国际竞争力，必须不断地对产业进行创新和升级，而这又来自对有形资产和无形资产的投资。

创新理论的集大成者熊彼特也强调，金融对于创新的作用不可忽视。决策层一直强调金融支持实体经济，可以说，这集中体现在金融如何支持科技创新上。对有形资产的投资可以依赖银行间接融资，但对无形资产的投资则更多地依赖资本市场。资本市场的创新逻辑不只是使资金融通，更在于资金融通的形式。

1990年，布鲁斯·格林伍德和日瓦丁·约万诺维奇就提出，在健全的资本市场上，金融中介能够以更低的成本获取信息，再通过筛选和监督，资本找到高利润的投资机会的可能性大大提高。不仅如此，资本市场还有分散风险的功能，促进投资流向高收益的生产技术领域，从而提升潜在经济增速。

2011年，古斯塔沃·曼索的研究表明，激励创新的契约有短期内允许试错，容忍失败，同时在长期内又给予成功高额回报的特征。

金融市场结构——直接融资与间接融资——与创新的关系，历来是经济学研究的重点。大量研究显示，资本市场的发展对高科技企业和依赖外部融资的企业的创新有正向激励作用，而银行信贷则对此有负面作用。

田轩实证分析了股权市场和信贷市场对依赖外部融资和技术密集型行业的创新的影响，发现股权市场的特征更有助于促进创新。一方面，相比债务融资，权益融资具有风险和收益共享机制，不会增加企业的财务负担。从新一代创新型企业的特征来看，在生命周期的早期阶段，可抵押资产短缺、亏损是常态，其不仅难以获得债务融资，获得之后还本付息的压力也会抑制创新的积极性。另一方面，股权投资者还能从市场中提取有用信息，以甄别优质的投资项目，而这种反馈机制在债务融资市场中是不存在的。债务投资者只关注抵押品的价值，不关注企业的估值水平。

一旦IPO发行成功，股票的流动性对企业的创新也有影响，但正面和负面的证据都有。正面的影响机制是，较高的流动性有助于大股东增持。由于权益融资可能会带来一定的收益，大股东会加强对上市公司的治理和监督。公司的股价取决于企业的长期盈利水平，大股东的监督有助于缓解"委托—代理"问题，有效减少代理人追求短期目标的行为。创新虽然周期较长，却是企业长期竞争力的来源，故为了保证股价的良好表现，大股东也会对创新持支持态度。

相反，股票流动性太高也有可能阻碍创新。当公司管理层面临被收购的压力时，就容易做出牺牲公司长期价值转而追求短期利好的行为，创新的激励显著不足。投资者结构和交易制度等对股票的流动性有显著的影响，在对资本市场进行制度设计时，不能只关注融资的便利性，还需关注市场的流动性，专注科技创新型企业的科创板更该如此。

总而言之，资本市场在促进企业创新中发挥着重要的作用。党的十八届三中全会在《中共中央关于全面深化改革若干重大问题的决定》中提出：使市场在资源配置中起决定性作用，推进政策性金融机构改革；健全多层次资本市场体系，推进股票发行注册制改革，多渠道推动股权融资，发展并规范债券市场，提高直接融资比重。只有沿着这个方向推进金融供给侧结构性改革，才能建立有助于推动创新的金融体系。

科创板的使命

中国的专利申请数量全球第一,"独角兽"企业数量全球第二(仅次于美国),但中国A股市场留不住优秀的新一代创新型企业,也缺少培育创新型企业的制度基础。

对比美股和A股会发现,美股的大市值公司是微软、亚马逊、苹果、谷歌和脸书,以及中概股中的阿里巴巴,还有曾经的京东、新浪等;而A股的大市值公司中,银行占据半壁江山,剩下的则是石油、保险和白酒。

这反映出资本市场是中国金融市场建设的短板,表现之一就是对新一代创新型企业的支持不够,具体原因在于漫长的上市审核周期和同质化的发行条件。而且,制度创新的节奏跟不上新一代创新型企业的特征,比如连续三年盈利的要求,这就让众多互联网企业望而却步。为了鼓励科技创新,为科创型企业提供融资便利,也为了让投资者分享创新的红利,中国推出了科创板,进一步丰富多层次资本市场,这是金融供给侧结构性改革的重要一环。

科创板有着明确的定位,《上海证券交易所科创板企业上市推荐指引》明确将六类战略新兴产业作为重点发行对象:新一代信息技术产业、高端装备、新材料、新能源、节能环保和生物医药,优先推荐互联网、大数据、云计算、人工智能和制造业深度融合的科技创新企业。同时,科创板还设有"负面清单",包括国家产业政策明确抑制的行业的企业,如危害国家安全、公共安全、生态安全的企业等。

不仅如此，即使是来自以上六大类，还要进一步评估该企业是否具有科技创新的能力，具体评估标准为"六个是否"：企业是否掌握自主知识产权，是否拥有高校的研发体系，是否拥有市场认可的研发成果，是否服务于高质量发展，是否具备技术成果转化为经营成果的条件，以及是否具有相对的竞争优势。

为了缩短上市发行周期，科创板首次试点注册制，上海证券交易所负责审核，证监会负责注册。证监会需要在20个工作日内对发行人的注册申请做出同意或拒绝的决定，上海证券交易所审核时间为3个月以内。考虑到不同行业和不同投票权结构的企业的异质性，上海证券交易所以市值为核心，制定了5套上市市值及财务指标标准，供企业自主选择。除此之外，科创板在战略配售、定价、交易制度、公司治理和退市制度等多个方面都有诸多创新，更多地让市场发挥决定性作用，与主板和创业板等有较大不同。

从战略定位来看，设立科创板是"落实创新驱动和科技强国战略、推动高质量发展、支持上海国际金融中心和科技创新中心建设的重大改革举措，是完善资本市场基础制度、激发市场活力和保护投资者合法权益的重要安排"。可以看出，科创板是资本市场与创新的结合点，被看作中国资本市场基础制度改革创新的试验田，肩负着以增量改革带动存量改革、激发中国资本市场活力的重要使命。

科创板的这点星星之火，能否形成燎原之势？让我们共同期待！

北交所是新三板改革的"质变"

2021年9月2日晚，国家主席习近平在2021年中国国际服务贸易交易会全球服务贸易峰会的致辞中表示，继续支持中小企业创新发展，深化新三板改革，设立北京证券交易所，打造服务创新型中小企业主阵地。这是继习近平主席在2018年11月5日首届中国国际进口博览会开幕式上宣布在上海证券交易所设立科创板并试点注册制之后，中国多层次资本市场的又一次完善、进步与地位的跃迁，这一举措必将提升资本市场服务实体经济的能力。

设立北京证券交易所是新三板改革的题中应有之义。自2013年正式揭牌运营以来，新三板已经走过了9个年头，成为资本市场服务中小企业融资的主要平台。但在早期，由于挂牌公司质量参差不齐和投资门槛过高，新三板的流动性较低，未能很好地发挥资本市场的投融资功能，甚至出现"劣币驱逐良币"现象。直至2019年一系列改革举措——如降低投资者资金门槛（基础层从500万元降到200万元，创新层降至150万元）、正式设立精选层（投资门槛100万元）等——实施之后，新三板的秩序得以重建。

第6章　流动性变局下的中国资本市场变革

截至2021年9月2日，新三板挂牌公司总数为7304家（2016年12月19日突破1万家），总市值近2万亿元，合格投资者超170万户（为2019年年末的7.3倍）。信息技术行业挂牌公司数量位居第一，为1278家，总市值占比31.3%；紧随其后的为工业，挂牌公司数为1170家，市值占比28.6%。

中小企业的重要性可从就业、产出和税收等多个视角去论证，但笔者更想强调其在制造强国、"卡脖子"技术攻坚和创新驱动发展战略中的作用，这又可以从中小企业与"专精特新"的关系中窥见一斑。"十四五"规划期间，中国将要培育1万家专精特新"小巨人"企业。据不完全统计，共有近800家正在或曾经在新三板挂牌的企业被纳入工信部专精特新"小巨人"名单。在2021年7月19日公布的第三批专精特新"小巨人"企业名单中，有213家为新三板挂牌公司，还有211家曾经在新三板挂牌。将目标与现状比较来看，资本市场服务实体经济任重道远，新三板服务创新型中小企业前景可期。北京证券交易所的设立，是新三板改革从量变到质变的跃迁，从整体上抬升了创新型中小企业发展定位，也更有助于发挥资本市场的直接融资功能，提升要素配置效率。

竞争性市场有助于实现资源的帕累托最优分配和社会福利最大化，是福利经济学第一定理的基本要义。这种静态效率只是自由市场经济的一个稳态，而非常态。常态是非稳态，是向稳态无限趋近，阶段性反复，而后又再次趋近的过程。经济增长就是在这种波浪式的非稳态中实现的。在《创新：经济增长的奇迹》一书中，经济学家威廉·鲍莫尔认为，自由市场经济之所以有效的机制是：竞争导致的利润被平均化的压力，迫使企业不断地进行创新。

当下，中国正在掀起一轮反垄断的监管热潮。对于这个问题的讨论，大多是从垄断不利于创新的角度去谈的。实际上在一定程度上，获取部分垄断势力是企业开展创新的动能，也是创新成功的奖赏。但是随着互联网经济的兴起和零边际成本社会的到来，规模越来越成为企业垄断势力的来源。这不仅可能降低在位企业自发创新的内在动力，还将阻碍竞争者的创新，无助于整个社会的进步。

关于市场结构、企业规模与创新的关系，不是简单的大企业更有助于创新还是小企业更有助于创新的问题，大企业和小企业在创新中都发挥着重要作用，它们在创新的不同阶段、不同领域有着各自的分工，发挥协同效应，形成创新的多样性红利，也共同受益于这种红利。所以，反垄断不能陷入反对大企业的怪圈。大企业的高利润如果是更富于和更善于创新的结果，就具有一定的合理性。专精特新"小巨人"也都是细分领域的领军企业，市占率均较高。反垄断监管应更多地关注企业行为和市场准入，而非经济绩效这些基本面信息。高利润、高研发投入、高劳动报酬是一个良性循环。

技术变革带来的连续的工业革命，是经济社会向前发展的第一推动力——这是创新理论奠基者约瑟夫·熊彼特的核心信条。熊彼特认为，在推动技术变革和创新的过程中，信用制度发挥着至关重要的作用，并强调，重大创新的集聚依赖资本的力量，"信用制度以这样或那样的形式发挥了关键作用"。

过去40多年改革开放的伟大成就，得益于以银行为主体的金融市场结构。但对于中国经济的下一步改革而言，资本市场应该发挥更加重要的作用。北京证券交易所的设立是中国多层次资本市场改革的又一里程碑，将成为助力专精特新"小巨人"成长为"隐形冠军"的主阵地，与上海证券交易所和深圳证券交易所形成掎角之势，助力中国经济向由创新驱动的发展模式转型。

以对外开放激活证券市场新发展

近年来，金融市场对外开放的政策措施陆续落地，对外开放的步伐也进一步加快。其中证监会方面，允许合资证券公司和基金管理公司的境外股东实现"一参一控"、合理设置综合类证券公司控股股东的资质要求、放宽外资银行在华从事证券投资基金托管业务的准入限制、全面推开H股"全流通"改革、科创板制度创新、创业板改革并试点注册制、新三板改革等举措陆续落地；国家外汇管理局取消QFII和RQFII投资额度限制；国务院金融稳定发展委员会办公室宣布了证券基金期货机构外资股比限制提前全面放开等11条金融业对外开放措施……其余措施也取得了重要进展，证监会修订的《QFII、RQFII指引》即将颁布，交易所债券市场开放也将加快推进等。

证券市场在不断开放中深化改革，A股市场从2000年的5万亿元市值，逐步成长到现在近4000家上市公司共64.8万亿元规模，主板、创业板、科创板等多层次资本市场有序发展。其成长由中国市场的经济潜力与不断激发的要素活力所驱动，同时也得益于证券市场持续对外开放所带来的积极效应。

开放中增强竞争力

中国境内的证券市场目前以散户为主导，和发达国家（地区）的证券市场相比，机构投资者数量较少、参与度较低。一系列对外开放的举措可以改善证券市场的投资者结构。活跃和专业的市场参与者，将减少市场中的信息不对称现象，提升市场的整体定价效率。比如美国，个人投资者持股市值在市场中的占比逐年减少后保持在35%的水平，与之对应的是共同基金和401K养老基金[1]等机构持股比例的增加。更为重要的是，美国证券市场接受全球范围内的上市公司和投资者，占比长期稳定在20%左右的国际投资者是参与美股交易和定价的重要力量。中国香港地区的股票市场也同样具有这一特征。得益于中国香港的国际化程度，持有国际资金的机构投资者贡献了中国香港地区股票市场中超1/3的成交量，加快了市场中的信息流动并提高了定价效率。

提高外资券商机构在合资证券公司的控股权比例，有助于提高公司的运营活力和执行效率，开放市场下的业务环境将更加具有竞争化态势。《人民银行 银保监会 证监会 外汇局关于规范金融机构资产管理业务的指导意见》（即《资管新规》）以及相应的制度文件，重新厘清了证券公司等机构与客户之间的受托关系，过渡期前后范围内正是券商机构面临考验之际。对在服务质

---

1. 401K 计划始于 20 世纪 80 年代初，是一种由雇员、雇主共同缴费建立起来的完全基金式的养老保险制度。

量与客户体验方面较弱的内资机构而言,外资券商在高附加值服务业务,尤其是在财富管理和其延伸的上下游业务中,具有明显的差异竞争优势。

短期内,随着金融市场的扩大开放,国内券商或将面临更加激烈的竞争环境,在市场业务模式、产品主动管理能力等多个方面面临挑战。但竞合格局将提升行业人员的能力,结合金融科技的赋能,具有竞争力的证券服务机构在开放环境下将脱颖而出。同时,开放证券市场将引入成熟资本市场的投资和服务逻辑,个人和机构投资者将获得更全面和更多元的金融服务,通过与国际先进机构长期深度交流,满足投资所需。

通过证券市场的开放,培育一批具有国际业务能力和金融创新实力的证券机构,也符合证券行业发展所需。考虑到中美证券市场间的制度差异冲突以及美国对中国公司进行不对等的制度干预的情况,我们需要支持内资证券机构继续提高开展国际业务的能力,掌握上市定价、业务制度等方面的主导权,避免不确定性因素,保障海外上市公司常规经营的稳定性,并最终提升中国企业的国际业务实力和人民币的国际化影响力。

双向开放加快推进

在2020年第十二届陆家嘴论坛上,证监会主席易会满表示,下一步将加快推进资本市场高水平双向开放,持续深化资本市场互联互通,进一步优化沪深港通机制,扩大沪深股通的投资范围和标的;不断丰富内地和香港全方位多层次务实合作,进一步完善沪伦通业务，拓宽ETF互联互通，推进上海国际金融中心建设，支持巩固香港国际金融中心地位。

中国成为全球资本市场中心的发展前提，首先是要有相对稳定的货币交易市场份额，其次是相对稳定的货币价值，两者通过以人民币计价的贸易结算和证券投资形式体现实践价值。前者自中国启动人民币国际化进程以来，在交易、结算和储备方面取得了一定进展，人民币正逐渐"走出去"。后者则通过中国证券市场的持续开放，以A股纳入国际市场指数、QFII和RQFII额度取消等方式，持续加深中国证券市场与国际的紧密连接，国际资金逐步地"走进来"。这些都提升了证券市场的国际化参与程度，并稳定了人民币币值。

以其他国家证券行业开放的历程为鉴，资本市场向外开放的过程中伴随着与国际资金联动程度的加深，因此风险传染也会更加快速。因此在开放过程中，我们仍需要以宏观审慎和混业监管的态度，防范潜在风险。建立健全市场制度，培育证券市场对资金流动的自我调节能力，避免跨境资本流动对人民币利率、汇率等造成冲击。但毋庸置疑，以开放迎接发展，是中国证券市场深化改革的持续主题，对整个证券市场的融资结构、信息效率、竞争活力等具有重要意义。

第 7 章

新时代下的投资逻辑和大类资产选择

六个维度展望权益市场配置

受多重因素冲击，A股持续下行。笔者认为，主要有三个原因。

第一，疫情扩散、防控策略、宏观政策和经济周期的冲突是后疫情时代宏观分析的一条主线（图7-1）。当前，国内外货币、财政政策走向也出现背离，海外的主要矛盾是通胀。西方主要经

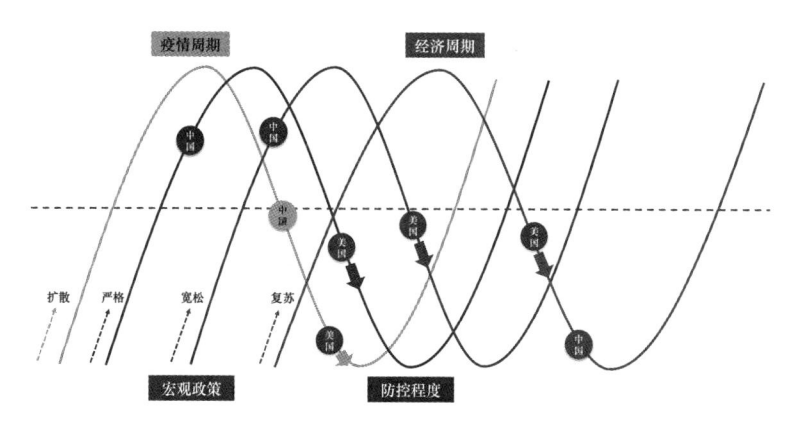

图 7-1 周期的冲突

来源：东方证券。

济体财政、货币条件持续收紧。而国内的主要矛盾是稳增长,需要积极的财政政策和适度宽松的货币政策。这种背离的结果就是利差倒挂、资本外流、人民币汇率承压等。

第二,2022年2月底爆发的俄乌冲突,提高了全球能源危机和粮食危机爆发的概率,是大国关系和全球价值链重构的又一"催化剂",压抑了投资者的风险偏好。

第三,2022年3月以来,国内新冠肺炎疫情出现反复,中断了年初以来的复苏进程,提高了全年稳增长的压力,扰乱了全球供应链修复的进程,也会降低海外通胀下坡的斜率。

前两个是外部冲击,第三个是内部扰动。三者各自从无风险收益率、资金面、赢利预期、风险偏好等多个维度影响到权益资产的表现。如何看后市?

笔者团队构建了大类资产配置的"六维打分体系"(图7-2),包括:宏观面、中观面、资金面、估值面、情绪面和政策面。宏观面关注的是经济周期;中观面关注的是行业和产业链的景

宏观面
利用产出缺口和物价判断经济所处的周期阶段和未来方向,给出大类资产配置建议

中观面
密切跟踪行业景气度变化,利用模型预测行业或标的盈利,出具行业轮动配置建议

资金面
构建货币或流动性条件指数,利用普林格模型搭建经济—金融周期分析框架,出具大类资产配置建议

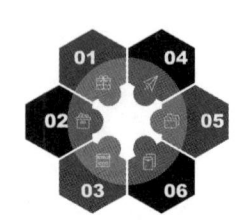

估值面
基本面回答的是"买什么"的问题,估值面回答的是"贵不贵"的问题。六维综合决定了买不买和买多少的问题

情绪面
情绪面看的是技术面,跟踪的是动量因子,解决的是择时问题

政策面
政策影响面极广,既会影响系统性风险,也会影响个体性风险。但在六个维度中,政策面也是最难量化和最主观的

图 7-2 资产配置六维打分体系

资料来源:东方证券。

气度；资金面关注的是流动性条件；估值面关注的是贵不贵的问题；情绪面关注的是市场的动量；政策面主要关注的是货币、财政、金融监管（如去杠杆、颁布《资管新规》等）、行业监管、碳排放等。

每个维度都以不同的方式指引着资产配置，彼此之间是互补的关系。例如，宏观条件指向权益时，需看估值是否合理，如果估值在合理区间，还要看短期内市场是否已经出现超买信号。本着客观和定量的原则（政策面打分较为主观），我们会对每个维度进行打分，而后加权——最优权重取决于历史有效性。当然，对于不同的资产类别，赋值的方法不一样，因为有利于权益资产的条件可能不利于固定收益资产。

2022年上半年，宏观面，企稳回升，但新冠肺炎疫情中断了宏观面的复苏进程。中观面，模型回测拟合度较高的行业属上游周期板块，如煤炭、钢铁、有色金属、建筑材料等行业。预测结果显示，建筑材料、电子行业等边际景气改善，而中下游板块行业景气偏弱。2022年国内出口景气会受到海外供求两方面的压力而回落，是国内上下游分化收敛的力量。资金面，2021年年底以来整体回升，实体流动性和金融流动性边际改善，但股市流动性仍承压，受新冠肺炎疫情干扰，下一步可期待贷方（央行和商行）更强的"推力"，但借方还处于观望当中，尤其是地产供求。估值面，2021年年底开始，主要宽基指数明显回调，无论是时间序列的比较，还是全球横截面层面的比较，部分成长股之外的A股的估值水平都到了极具吸引力的位置。情绪面目前仍然是最大扰动项。政策面较为积极，2022年二季度后稳增长政策需加码。

宏观面：疫情扰动复苏进程，坐标落在滞胀象限

方法论上，宏观面是建立在混频动态因子宏观即时预测模型（DFM）之上的，即利用DFM，基于卡尔曼滤波（一种利用线性系统状态方程，通过系统输入输出观测数据，对系统状态进行最优估计的算法）平滑估计与EM估计（一种迭代算法，用于含有隐变量的概率参数模型的最大似然估计或极大后验概率估计），提取潜在经济周期因子，进行经济周期指数打分与宏观预测。

模型选择了85个指标，覆盖生产、通胀、投资、消费、地产、货币财政、外贸、景气调查8个宏观领域，构建了6个经济指数——反映总体经济周期的经济增长指数、反映生产端情况的生产综合指数、反映需求端的需求综合指数、反映PPI和CPI的通胀综合指数、反映财政及货币整体宽松程度的金融综合指数以及景气预期的宏观情绪指数，并且依据经济增长指数和通胀综合指数划分了东证财富时钟图（图7-3）。

结合量价指标来看，2022年上半年宏观经济仍处于增长下行阶段，综合物价指数处于从高位下行的滞胀区间，并且正在向与2020年二三月份相似的经济状态滑落。具体的宏观打分指数显示，经济增长指数下行，并且已经低于潜在增长水平，2022年4月经济周期指数分值由前月的-0.51降至-0.65；通胀方面，本轮新冠肺炎疫情推升粮食价格上涨，再综合能源价格上涨导致CPI上行趋势加快抬头，PPI虽然下降，但水平值仍然较高。形成的合力是：增长下行和通胀压力较大。

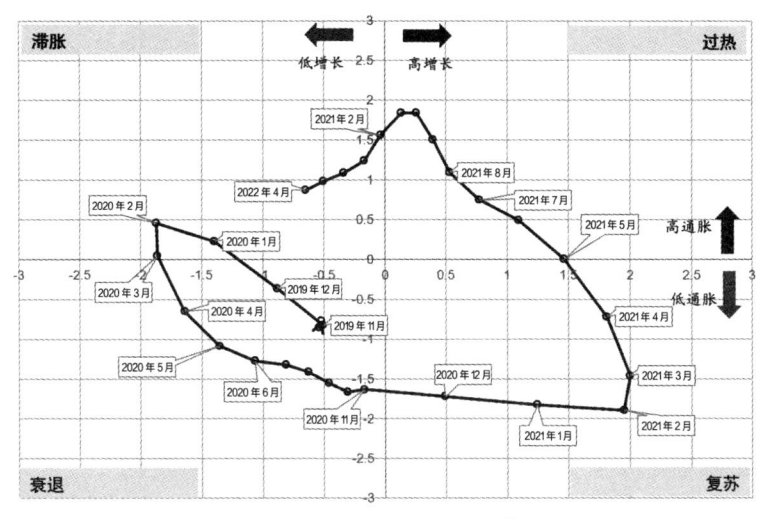

图 7-3 当前位于"滞胀"象限

资料来源：Wind，东方证券。

其他方面（图7-4、图7-5）。截至2022年4月，生产指数延续上升，但未达中性水平；新冠肺炎疫情对总需求的影响更直接，总需求指数4月由上升转为下降。4月金融指数接近中性上沿，反映货币财政综合政策力度继续回升；4月宏观情绪指数尚未达到中性区间，反映宏观景气预期较差。

从经济增长单周期的角度看（图7-6），债券表现较好的阶段为衰退阶段；股票表现最好的时期为复苏阶段，最差的时期是经济度过高点后的放缓阶段；商品表现最好的时期为增长的复苏阶段；黄金表现最好的时期为衰退阶段。

具体到A股上，2022年以来的A股较大回撤与国内经济增长周期下行有关，但根据周期的历史经验来看，周期并不能完全解释A股目前的弱势表现。市场状态与地缘政治、新冠肺炎疫情冲

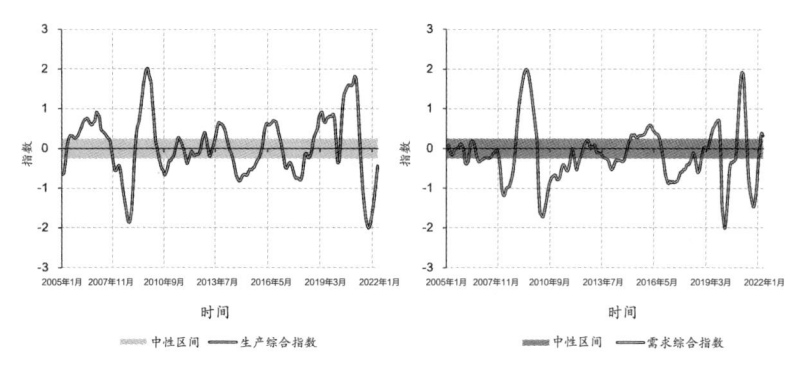

图 7-4　东证财富经济指数：生产仍在修复，需求转弱

资料来源：Wind，东方证券。

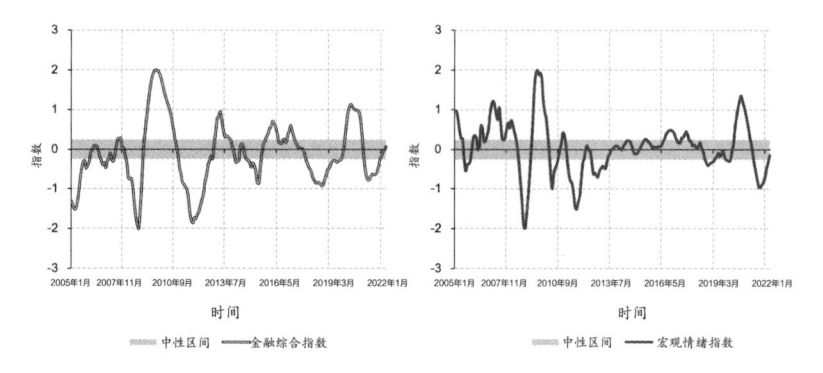

图 7-5　东证财富经济指数：金融条件和宏观情绪还在修复

资料来源：Wind，东方证券。

击、预期走弱等短期的冲击关联性更强。一方面，这些因素直接对投资者的决策行为构成影响；另一方面，预期也在自我实现，构成了经济的实际冲击，并且也反映在了经济打分指数上。在新冠肺炎疫情冲击前的3月，经济增长指数已触底反弹，但新冠肺炎疫情发生后，经济增长指数转为继续下行，这反映新冠肺炎疫情

的冲击导致当前经济周期重新下探，直接打断了1—2月的修复趋势，国内稳增长的时间被延后。

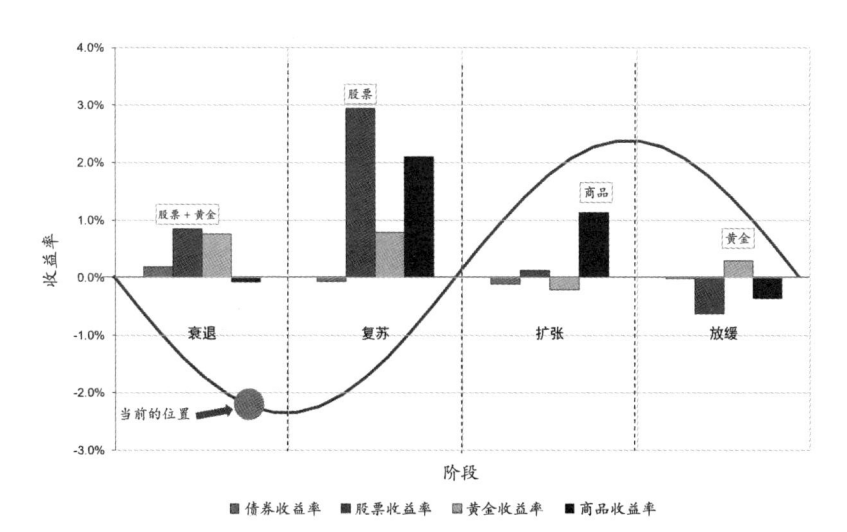

图 7-6　经济增长周期与大类资产——周期经验显示，复苏阶段股票将占优

注：各阶段优势资产已加框。

资料来源：Wind，东方证券。

那么A股何时能够企稳？从周期视角的资产配置经验看，复苏阶段是权益资产配置的最佳时点。那么经济何时能够企稳？由于新冠肺炎疫情形成的冲击打断了企稳趋势，这就需要回答经济何时能从此次新冠肺炎疫情冲击中修复。我们参考NBER的研究方法，采用向量自回归模型，构建了新冠肺炎疫情的冲击响应模型，借此评估新冠肺炎疫情冲击的影响以及经济修复所需的时间。

以上海和北京为例的分析数据显示，当月新增感染病例的一单位标准差的冲击都会对各自的生产、消费、通胀等方面造成即时的负向冲击,并且需要长达12个月左右的时间才能从单次冲击中逐渐恢复,这显示了新冠肺炎疫情的影响具有长期属性。

短期来看,新冠肺炎疫情冲击对工业企业营收、工业产值、消费的影响在前两个月内达到负面影响的最大点,此后开始向上脉冲式修复,并在四到六个月内达到修复的最高点。因此,以上海的数据为例观察,以两个月的时间做估计,整个2022年第二季度都会受到新冠肺炎疫情的负向冲击。经济修复的内生动能偏弱,需借助于外生的政策力量才能实现全年经济增长目标。2022年4月,以上论断在加速复工复产,基建、地产和消费等需求层面,也都有所体现。

中观面:整体赢利承压,上下游结构矛盾未解

行业配置需要紧密跟踪中观景气。新冠肺炎疫情以来,从行业层面观察,上中下游的分化非常极端,这可从PPI与CPI剪刀差或者上中下游利润增速差当中直接观察到。2022年年初,物价传导仍不顺畅,上游仍在挤压中下游利润。2022年年初以来,利润负增长行业比重持续攀升,主要就集中在中下游。

中观面关注行业景气,主要服务于权益资产配置,分别从量、价和盈利三个维度判断各行业/板块的景气度(数量因子、价格因子、全局因子),权益资产配置最合适的时机是在景气度由弱转强的节点。

重要的经济决策是根据当前和未来的情况进行预判做出的。

通常情况下，即使在最近的过去，也没有用来衡量这些条件的变量。因此，有必要预测给定变量的当前值，DFM可以将非同步、具有不同发布延迟的最新的数据信息整合为一个数据。于是，考虑使用与目标变量相关但更高频、发布更及时的数据中的信息对这些关键经济指标进行早期估计。

30个申万一级行业（综合除外），被归为周期上游原料（石油石化、基础化工、煤炭、钢铁、有色金属、建筑材料共6个行业）、周期中游制造（机械设备、电力设备、国防军工共3个行业）、科技/TMT[1]（电子、计算机、传媒、通信共4个行业）、必须消费（农林牧渔、食品饮料、纺织服饰、轻工制造、医药生物、商贸零售共6个行业）、可选消费（汽车、家用电器、社会服务、美容护理共4个行业）、大金融（银行、非银金融共2个行业）、地产基建（建筑装饰、房地产共2个行业）和支持服务（公用事业、环保、交通运输共3个行业）八大板块。

回测拟合度较高的行业属上游板块，有煤炭、钢铁、有色金属、建筑材料等行业。DFM预测结果显示，建筑材料、电子行业等边际景气改善，而中下游板块行业边际景气不佳（图7-7）。

资金面：总体流动性触底回升，股市流动性仍有压力

我们对当前流动性状况的刻画，主要从宏观流动性和股市流动性两个维度展开：前者分别从金融体系、实体经济两个层次，

---

1. TMT，数字新媒体产业。

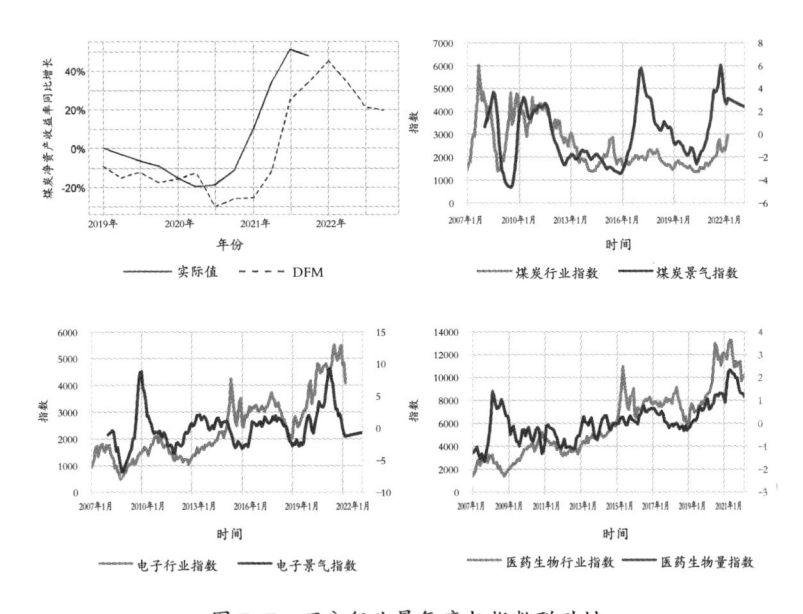

图 7-7 不分行业景气度与指数联动性

数据来源：Wind，东方证券。

反映宏观层面的金融状况和信贷松紧程度；后者主要分析权益市场内部的资金供需边际变化。

从流动性创造机制来看，央行通过公开市场操作等货币政策工具，向商业银行投放基础货币，并调控金融市场流动性，构成流动性供应的第一层级。商业银行通过信贷等方式向实体经济提供流动性，实体经济再以存款、证券投资等形式，将货币回流至金融体系，通过乘数效应实现信贷扩张，对应实体层面的流动性。从对权益市场的影响来看，股市和实体流动性密切相关，后者既是前者的资金来源，又影响着企业盈利预期，还会影响市场风险溢价进而影响估值。而金融市场流动性的变化，对实体经济有较强预测能力，资金在不同市场的配置情况，也会直接影响资产价格。近年来，随着经济、金融结构和政策框架的变化，单一的流动性指标和研究维度，越来越难以刻画流动性内涵及其对资产价格的影响，两者不再是以前相对明显的单边关系，股市内部的资金流动和供需边际变化，短期内影响越来越大。

我们分别从金融市场、实体经济和股市维度，选取了近40个微观量价指标，利用主成分分析法构建了综合性流动性指数，以全面衡量当前的流动性状况。具体而言，对金融流动性以银行间7天质押式回购利率（R007）、公开市场操作净投放、同业拆借利率、回购交易量及股票流通市值等金融市场指标进行刻画，对实体流动性以M2、社会融资、银行贷款、外汇结算、贷款市场报价利率（LPR）等反映实体信贷的指标进行刻画，针对股市流动性则选取了换手率、机构和个人投资者资金供给、IPO、重要股东减持等反映股市情绪和场内资金供需的指标进行刻画。

总体来看，在成书的2022年5月，流动性状况依然偏紧，但相对前期已有所改善，处于重回宽松的趋势上行阶段。具体来看，金融市场维持稳健宽松，1月降息、4月降准后银行间7天存款类金融机构间的债券回购利率（DR007）有所下行，截至4月27日，相比月初下行约29个基点至1.7%，2022年4月公开市场操作累计投放7650亿元，到期8050亿元，实现净回笼1400亿元。随着稳增长政策发力，实体流动性相比2022年年初改善明显，2月社会融资同比大幅少增后，受企业融资和政府债支持，3月社会融资新增4.65万亿元，大幅超出市场预期。

然而，4月以来的新冠肺炎疫情反弹，部分程度中断了实体信贷修复进程。根据笔者团队的估算，4月经济周期指数由3月触底转为持续下行，宏观景气预期较差，为后续流动性状况的恢复带来了一定不确定性。股市流动性状况持续低迷，从趋势来看未见明显拐点，市场仍处于磨底阶段，创业板跌幅尤甚。股市交易额和换手率相比2022年年初有所改善，偏股基金发行仍处于低位，基金仓位随着近日市场大跌回落明显，北上配置资金2022年4月初以来持续净流出，两融（融资、融券）活跃度回落至2022年年内低点。

2008年至今，我国经历了约4个完整的经济和金融周期。历史经验显示，金融周期一般由以降准为标志的货币宽松开启，领先经济周期约5～10个月，金融周期的开启和上行阶段，往往对应着经济周期的下行和底部区域，市场阶段性底部也往往发生于该区间。通过进一步对不同金融周期阶段资产表现的梳理，我们从统计上证实了上述规律（附图11），即股票往往在周期的第一、四阶段（衰退、过热）表现最差，其间流动性状况相对紧张，经济周期往往处于见顶后过热（第四阶段）和衰退（第一阶段）的趋势下行时期。金融周期开启的衰退时期（第一阶段），股市表现尤为不佳，债券具有较高配置价值。而随着经济触底反弹，流动性重回宽松，经济周期回到复苏（第二阶段）和扩张（第三阶段）的趋势上行阶段，股票重新展现出较高配置价值。值得注意的是，创业板往往对流动性更为敏感，除了第一阶段（衰退）表现不佳，相对大盘展现出较高持续配置价值，相应波动性也更大。

当前的市场磨底表现以及创业板风险释放，恰恰对应了金融周期由第一阶段（衰退）向第二阶段（复苏）过渡的阶段。若后续新冠肺炎疫情逐渐消退，货币、财政政策持续发力，随着流动性状况改善、经济触底反弹的第二阶段（复苏）信号得以确认，股票将重新迎来配置价值。短期来看，在国内经济低迷、海外通胀高企的背景下，当前阶段债券、黄金和美元仍具备相对配置价值，中长期股票和大宗工业品的配置价值将逐渐显现。从权益市场内部来看，大盘价值、金融地产、建筑、电力及公用事业、食品饮料、农林渔牧等周期和防御性行业更有优势，未来随着经济反弹，创业板、有色金属、国防军工、电力设备及新能源、消费者服务等板块配置价值将有所上升。从债券市场内部来看，当前利率债、企业债、中长期债券的优势更为明显，未来信用债的配置价值可能有所回升。

估值面：宽基指数估值降至10年中位数以下，长期配置价值显现

4月以来，市场出现持续调整，万得全A指数单月跌幅超过12%，部分指数年内跌幅接近30%，上证指数重回2900点至3000点位置。这既有美联储加息、俄乌地缘冲突等国际事件的外部扰动，也有国内新冠肺炎疫情扩散对经济活动供需两侧的影响，在交易矛盾尚未清晰的格局下，投资者在短期战术配置策略上选择偏向于中性谨慎。

2020年同样是一季度受到新冠肺炎疫情冲击和市场剧烈调整，在各国的宽松政策下，国内市场以经济复苏为目标在短暂的冲击影

响后走出积极行情。但2022年不一样的地方在于，中美经济的复苏错位再度扭转，美联储加息的影响带来一定流动性收紧的冲击。

多重因素交互之下，主要宽基指数的估值都显著下行，但从中也能观察到价值股的韧性。经过深度调整后，万得全A的市盈率为15.6倍，低于2010年以来18.3的中位数水平，处在30%的历史水平位置。上证指数市盈率为11.5倍，处于21%的水平历史分位。沪深300指数市盈率为11.5倍，处在31%水平历史分位。

实际上，大部分市场指数估值水平都已经回落到20%~30%的历史范围内，目前向下回落的幅度接近均值-1倍标准差位置，也即将接近2018年期间市场调整的估值低位区间。同时从PB的角度看，上证指数市净率为1.2倍，沪深300的市净率为1.4倍，都已经调整到较低位置区间，恒生指数市净率估值则已经破净到达0.92的位置，向下继续调整的空间有限，如果是奉行绝对低估值准则，则指数层面的港股机会正逐渐显现。

还可以观察到，在此轮调整过程中，市场投资风格出现明显转变，低估值风格资产调整幅度明显低于其他风格资产。申万低估值指数2022年以来调整幅度为-6.5%，而申万高估值指数则已经回调30%以上。以公用事业、电信服务为成分的稳定风格指数，以及传统金融行业指数在剧烈的市场环境下表现得更加平稳，反映了投资者在配置策略上的防守选择。对应在风格表现上，如果说2020—2021年更多的是成长风格占主导，那么在经济预期谨慎和流动性偏紧的约束下，2022年上半年是价值风格的市场，价值风格自2021年12月起就开始连续跑赢成长风格，在此次调整后成长风格的估值已经从40倍下调至20倍，但也仍有继续消化的空间。

从性价比上看，权益资产的ERP指标（权益资产相对无风险利率的风险溢价指标）已经进入具有较高吸引力的区间。万得全A的ERP指标位于向上突破1个标准差的位置，位于2010年以来的79%分位；沪深300的ERP指标到达1个标准差位置，同样处于79%的历史分位，A股权益资产的性价比已经超过2020年年初首次遭受新冠肺炎疫情冲击时的市场表现，而我们也有理由相信市场将在此次冲击因素逐渐出清后得到合理的修复。

针对市场的估值水平，我们设计了一套综合打分体系（表7-1）。在我们的-2分至2分的9档得分框架下，目前权益资产取得1.5分的估值得分位于较为低估和建议配置的范围，已经进入了价值投资的合理区间。在过去的统计中，如果在1.5分档位买入全A权益资产并持有1年以上，则对应的预期收益率范围在12%~20%，同时取得收益的预期概率大于60%。

表7-1 "估值面"打分历史回测结果

持有收益（年化）	3个月	6个月	12个月	24个月	36个月
2	55.9%	40.5%	24.4%	32.6%	16.1%
1.5	0.0%	16.6%	14.6%	45.6%	27.8%
1	34.3%	30.8%	25.9%	16.2%	15.7%
0.5	1.7%	19.2%	33.4%	12.8%	15.8%
0	0.0%	0.0%	0.0%	0.0%	0.0%
-0.5	8.1%	5.7%	-4.2%	0.7%	5.2%
-1	3.7%	3.2%	-5.9%	-6.8%	-3.3%
-1.5	3.5%	7.6%	-10.9%	-7.6%	-4.3%
-2	38.1%	-3.5%	-8.1%	-4.2%	-3.7%

数据：Wind，东方证券。

最后，后续市场表现还需要密切关注疫情防控、经济复苏、流动性和情绪。仅从估值层面来看，A股长期配置的风险收益性价比已经充分出现，左侧交易可以适时纳入现阶段配置的考虑中。

情绪面：市场情绪处于历史低位，触底反弹需进一步观察

股票市场除了受宏观经济、中观行业景气度及企业赢利水平等基本面因素的影响，在短期来看也会受到投资者情绪的影响。非理性的投资者对部分市场信息会反应过度。因此可以通过量化的技术指标来度量市场非理性的超买和超卖，为投资者情绪推动的短期趋势做出提示。

在我们的情绪面打分体系中，使用了异同移动平均线（MACD）[1]、相对强弱指标（RSI）、心理线（PSY）、布林轨以及交易量布林轨共四个基于价格的技术指标和一个基于交易量的技术指标。通过对这五个指标进行合理加权得到股票市场情绪面打分。下面分别从五个分项指标来分析2022年4月A股市场情绪的情况。

从MACD指标来看，MACD于2022年年初转为负值，DEA于2022年3月初转为负值。DEA与MACD同时转负，而且DEA和MACD的值仍未出现回升的趋势，表明短期均线正在快速下行突破，市场正处于加速下行的过程之中。

---

1. MACD 是一个基于均线系统的趋势跟踪动量指标，它刻画两条不同周期价格移动平均线的相互关系，由杰拉德·阿佩尔于1979年提出。其思想是通过长短周期均线离差的一阶、二阶变化来反映趋势的强弱。首先计算短期（12周）均线与长期（26周）均线的差值，记为DIF，来衡量长短期均线的背离程度。然后计算DIF的9周均线，记为DEA。最后MACD值即等于 $2 \times (DIF-DEA)$。

从历史来看，在大级别下跌底部回升的过程中，需要观测到MACD指标的转正和DEA指标的触底回升。目前来看这两个指标均未出现触底回升，底部确认仍需进一步观察。与历史上数次大级别回调相比，2022年4月技术指标水平接近2018年，离2008年及2015年仍有距离（图7-8）。

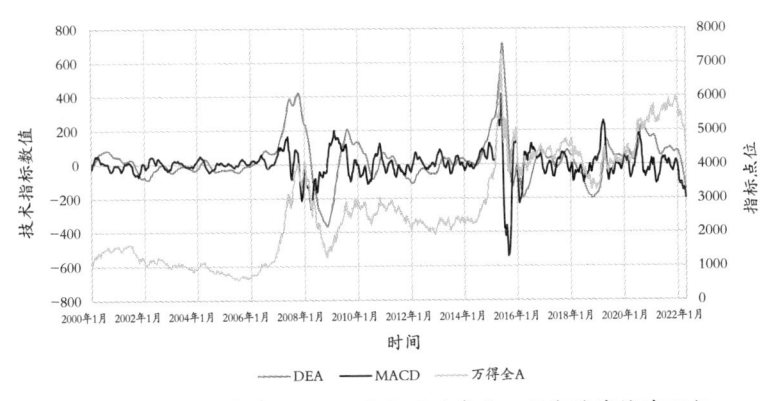

图7-8　DEA指标与MACD指标同为负值，短期均线快速下行
数据来源：Wind，东方证券。

RSI又被称作相对强弱指标，主要被用以对比多空双方的力量。根据市场过去数周上涨的平均涨幅和下跌的平均跌幅，来观察市场的超买和超卖情况。从RSI指标来看，2022年4月市场处于明显超卖状态，RSI值已接近历史极值，达到0.6%的历史分位水平。

PSY指标根据考察期市场上涨期数的占比来观察市场的超买、超卖情况。从PSY指标来看，2022年4月市场单边下跌，呈现超卖状态。投资者看空股市的情绪较高。PSY指标已接近历史极值，达到3.1%的历史分位水平。

布林轨指标根据当前价格与布林轨上下轨的相对位置来判断

市场的超买、超卖情况。布林轨通过引入标准差，使得区间可以随价格波动自适应。从历史来看，在市场大级别下跌底部回升的过程中，需要观测到指数离开下轨线上穿中轨线。而万得全A在2022年年初下穿布林轨下轨线，至今一直在下轨线附近伴随下行。市场呈现超卖状态。底部仍需要更多信号才能确认。

除了价格，成交量也会透露交易者的情绪。所以需要在情绪指标中考虑交易量所包含的信息。此处采用类似布林轨指标的方法对其进行处理。从历史来看，市场大级别下跌过程中，交易量通常在中轨线与下轨线之间的区间波动运行。2022年年初以来，交易量开始进入中轨线和下轨线之间的区间。市场确认进入下跌状态。交易量较市场上涨状态有所收缩。

根据各分项指标，我们根据一定打分规则将指标标准化至[-2,2]的打分区间，然后设计合理权重加权得到总体的情绪面打分。分数接近2，市场进入超买状态，形成短期上升趋势。分数接近-2，市场进入超卖状态，形成短期下跌趋势。

自2021年12月以来，市场自高点快速下行。国内经济增速下行、疫情冲击、俄乌冲突推升大宗商品价格、欧美流动性收紧等因素降低了投资者风险偏好，市场情绪低落。情绪面得分快速由2021年12月的高点1.1分下降至2022年4月底的-1.7分，来到历史极值位置。从历史数据回测来看，在当前情绪得分下，万得全A未来1个月的期望收益为-2.21%，赢利概率为33.33%。

综合情绪面各分项指标分析，当前市场已进入超卖状态（表7-2、表7-3）。但市场内底部确认仍需要更多信号。市场触底回升可能尚需时日。

表 7-2 情绪面总得分及各分项得分

指标	当前得分
MACD	-1.5
RSI	-2
PSY	-2
布林轨	-2
交易量布林轨	-1
情绪面总得分	-1.7

数据来源：Wind，东方证券。

表 7-3 "情绪面"打分历史回测（2000 年至今）

得分	不同持有期收益率（年化）					不同持有期胜率				
	1个月	2个月	3个月	半年	1年	1个月	2个月	3个月	半年	1年
-1.9	-43.86%	-5.63%	-32.29%	-15.38%	-14.87%	0.00%	0.00%	0.00%	0.00%	0.00%
-1.7	-23.52%	-31.46%	-23.79%	1.99%	5.51%	33.33%	33.33%	25.00%	50.00%	33.33%
-1.5	12.18%	-8.15%	8.53%	15.03%	17.27%	57.58%	39.39%	51.52%	54.55%	51.52%
-1.3	-8.54%	-12.59%	-14.03%	-3.58%	2.86%	39.02%	46.34%	36.59%	46.34%	46.34%
-1.1	-27.22%	-11.42%	-14.66%	-0.20%	3.80%	39.66%	41.38%	41.38%	53.45%	44.83%
-0.9	-0.41%	-6.05%	-0.70%	6.26%	10.64%	43.86%	43.86%	50.88%	61.40%	52.63%
-0.7	-8.54%	-10.31%	-6.40%	-4.33%	4.34%	49.15%	33.90%	37.93%	41.38%	43.86%
-0.5	13.89%	3.77%	6.51%	2.36%	12.73%	52.54%	52.63%	57.89%	47.37%	56.1%
-0.3	2.29%	14.22%	15.40%	10.07%	13.82%	45.56%	59.09%	60.92%	53.49%	54.65%
-0.1	24.78%	18.68%	9.15%	2.75%	8.00%	68.87%	66.04%	64.76%	57.14%	64.00%
0.1	8.58%	11.02%	9.01%	9.40%	17.47%	59.78%	59.78%	57.14%	59.77%	56.47%
0.3	5.22%	1.35%	1.30%	3.20%	14.14%	55.84%	49.35%	48.05%	53.33%	52.70%
0.5	-15.95%	-0.25%	2.05%	2.46%	7.11%	38.81%	49.25%	46.27%	47.69%	46.03%
0.7	6.71%	0.74%	6.51%	8.06%	19.74%	50.88%	45.61%	48.21%	49.09%	55.10%
0.9	3.87%	12.24%	16.50%	18.57%	21.51%	50.00%	36.84%	38.16%	38.67%	45.71%
1.1	38.82%	51.43%	36.50%	50.07%	32.45%	61.82%	54.55%	52.73%	66.04%	64.00%
1.3	34.92%	28.93%	53.59%	31.01%	21.46%	64.00%	48.00%	52.00%	64.00%	46.94%
1.5	96.47%	68.65%	97.61%	80.77%	47.18%	69.70%	66.67%	69.70%	75.76%	72.73%
1.7	139.15%	118.99%	89.46%	93.54%	75.82%	79.41%	79.41%	64.71%	67.65%	64.71%
1.9	7.78%	-0.07%	24.65%	55.12%	20.88%	58.33%	50.00%	66.67%	66.67%	58.33%
比较基准	11.16%	11.23%	12.81%	14.13%	15.85%	54.57%	52.24%	52.66%	55.75%	53.36%

注："比较基准"的含义是，随机买入情况下，不同持有期的收益率和胜率。

数据来源：Wind，东方证券。

政策面：双循环的结构走向对立面，稳增长政策需更加有力

新冠肺炎疫情暴发以来，内外周期的冲突主导着宏观政策的节奏。

2020年年初新冠肺炎疫情暴发以来，由于病毒扩散轨迹、防控严格程度和政策调控思路存在差异，全球经济周期明显错位（图7-9），中国领先复苏，且供给强于需求。欧美发达经济体随后，其中美国略靠前，滞后中国1个季度（中国GDP增速的高点为2021年一季度，美国为2021年二季度）。新兴市场和发展中国家复苏的起点更晚，弹性更弱，至今未回到新冠肺炎疫情前。也因此，中国提前进入下行周期，2021年三四季度经济增速均低于潜在水平。2021年12月是低点，2022年以来各项宏观指标已显示复苏。随着海外供给弹性的恢复和需求侧政策的退出，中国维持两年高出口景气度会缓慢下行。2022年春季新冠肺炎疫情是"加速器"，国内一家国际物流企业负责人表示，出口订单的压力在二季度以后的出口数据中逐渐显现（当前出口订单数据还是2021年的），故2022年依靠内需"稳增长"的压力会上升。

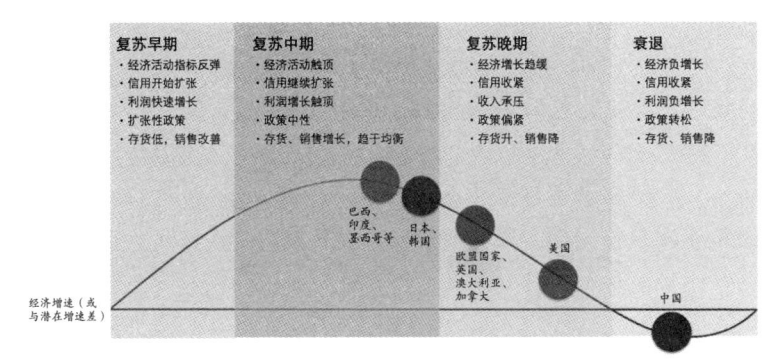

图 7-9　新冠肺炎疫情后全球经济周期的冲突

来源：富达国际，CEIC，东方证券。

对后疫情时代的经济运行特征需站在全球宏观的视角去理解。2020年至今，中国成了全球生产和价格的"稳定器"。这既得益于中国有效的防疫策略，也与中国价值链的完整性和国内保守的刺激政策有关。价值链方面，除新冠肺炎疫情暴发初期，中国国内的原材料供应、工厂的生产、陆运和码头等连接点都是通畅的，海外正好相反，各环节均出现断裂。政策方面，中国以保市场主体为主（减税降费+信贷支持），间接实现保就业和保民生，故经济结构上表现为生产端强于需求端。西方财政政策以直接保民生为主（"直升机撒钱"），辅之以货币政策，并利用信用政策保持市场主体不发生流动性危机，故在经济结构上表现为需求端强于供给端。中外正好形成互补，于中国是外需补内需，于海外是中国的供给补足了它们自身供给的不足。这使得中国出口订单激增，中国出口占全球的比重也达到历史高位。整体表现为外循环带动内循环，减轻了政策稳增长的压力。

新冠肺炎疫情以来，政策调节的思路是"逆周期+跨周期"。

逆周期偏短期，跨周期偏中长期。中国是个制造大国，过去两年，在外循环景气度较高的情况下，内循环也较为顺畅，逆周期调节压力较小。在跨周期新思维之下，宏观政策可留有"余粮"，等到周期逆转时加大逆周期调节的力度。能明显感受到，政策正在从跨周期主导向逆周期主导转换，集中体现在宽货币、宽信用、专项债发行节奏提前、基建投资项目落地、各地因地制宜放松房地产限制性政策、中央层面强调就业市场稳定的重要性、各地纷纷出台刺激消费的政策等。某种程度上，2022年稳增长政策的力度并不弱于2020年。当然，在海外政策回归常态过程中，货币政策受到的约束较大（尤其是价格型政策）。所以，财政政策、收入政策等或发挥更重要的作用，这也有助于在新冠肺炎疫情平复之后推动经济重新回到复苏路径上来。

综合而言，仅就A股的配置来说，六个维度给出的信息并不一致：宏观面还需等待进入再复苏阶段；中观面上游景气仍然处于高位，但上下游价格、利润剪刀差2022年年内或有所收窄；资金面从整体趋松到股票市场流动性条件的改善还需时日；估值面宽基指数落入10年内的中位数以下，行业或风格层面除消费和大盘成长以外也都已经落入中位数以下；情绪面短期仍存在抛售压力。所以，A股长期配置价值正在凸显，短期内应以低波动、红利、价值因子和防御行业的配置为主。可期待的是，随着海外需求的持续收缩，美联储加息节奏和美元指数上涨的放缓，与此同时，国内稳增长政策在数据上也会有所体现，届时六个维度或给出更加积极的信号。

非常规货币政策退出与大类资产配置

理论上，宽松的货币政策可改善企业的资产负债表（基本面）和金融市场的流动性状况，从分母（盈利预期）和分子（估值）两个方面抬升权益资产价格，正如马丁·茨威格所说的："在股市上，有钱能使鬼推磨。"从1966年1月到2013年12月资产购买（Taper）计划落地这48年的经验来看，标普500指数平均年化收益率为10.56%，但在货币政策扩张时期，收益率高达15.18%，紧缩时期仅为5.89%。由于扩张时期的通胀率更低，扩张与紧缩时期美股的实际年化收益率的差距更大。并且，这种收益的差距是建立在风险大致相同的基础之上的。

高频数据是观察货币政策对资产价格影响的重要工具。1996年，时任美联储主席艾伦·格林斯潘在一次演讲中称美股"非理性繁荣"，担心美股泡沫破裂后美国会像日本一样经历漫长的经济衰退。投资者将这次演讲理解为美联储即将收紧货币政策的一个信号。当时美股已经收盘，但其他国家股市急剧下挫，日本股市下跌3%，法兰克福股市下挫4%，伦敦股市下跌2%。次日美股开盘时，道琼斯工业平均指数下跌2.3%。与之相反，2013年9月8日FOMC会议上，本·伯南克并未宣布缩减Taper计划，扭转了美股和全球股市的颓势。

无论是小盘股还是价值股，在货币政策宽松时期溢价都更为显著；而在紧缩时期，经验或规律甚至会反转。货币政策宽松时期往往对应的是经济周期中的复苏阶段，小盘股相对于大盘股、价值股相对于成长股的表现，显著好于其他阶段。分行业板块而言，零售、服装和汽车行业对货币政策更加敏感——扩张期表现更好，紧缩期表现更差。能源、公用事业、食品、金融及生活消费品行业在不同时期表现较为一致。可以将不同的投资策略结合使用，例如，小盘价值策略在货币政策宽松时期将获得更高的超额收益。

在2008年全球金融危机之前的常规货币政策时期，判断美联储货币政策立场的是联邦基金利率的升降，升为紧缩，降为宽松。全球金融危机爆发以来，美联储长期执行零利率政策，资产负债表规模的扩张或收缩成为判断货币政策立场的依据。经验上，美股与美联储资产负债表规模有较强的正相关性（图7-10）。美联储扩表时，权益资产一般有不错的表现。一旦美联储停止扩表或开始缩表，权益资产波动性会提升。2013年Taper期间，由于美联储仍然在扩表，所以并未影响美股升势。2018年，缩表、加息和中美贸易摩擦的加剧等多因素叠加，导致美股出现较大回撤。更值得关注的是结构性变化。

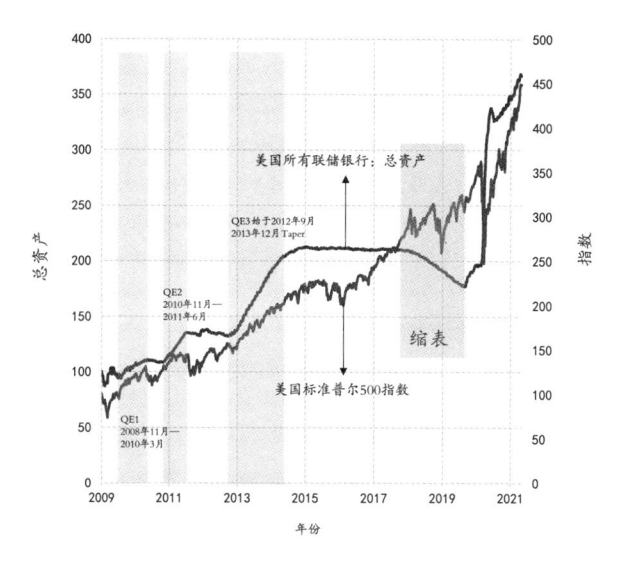

图 7-10 美联储总资产与美股

数据来源：Wind，东方证券。

后危机时代，虽然科技成长股在整体上跑赢了传统蓝筹股和价值股，但在货币政策正常化的每一个关键节点，与道琼斯所代表的传统行业相比，纳斯达克所代表的科技成长股的回撤和估值下降幅度更大。例如，在美联储2014年10月停止扩表后，纳斯达克估值在3个月内从40倍下降到了30倍，同期，标普500指数的估值则从19倍升到24倍。

货币政策对权益资产的影响有赖于通胀环境。如果宽松的货币政策产生通胀上行的压力，反而会给权益资产带来估值压力。经验上，二战后美股涨幅与通胀率呈现出非线性的负相关关系，通缩状态下（通胀为负）美股的表现最好。1948—2020年，标普500指数在通胀率小于0的季度平均涨幅达5.2%。在通胀率为

0%~2%和2%~4%时，涨幅分别为2.6%和2.7%。一旦通胀率大于4%，平均涨幅就迅速下降到1%[1]。

2021年年初以来的"再通胀交易"期间，美股估值大幅上升，整体估值远超21世纪的历史平均水平。在过去的150年中，经周期调整的席勒市盈率（Shiller PE）仅次于2000年互联网泡沫破裂前的估值。进入2021年第三季度以后，美国经济增速放缓，然而通胀压力不减，估值的高位拐点已经出现。

在产出缺口收敛的过程中，实际利率仍将上行，2021年第三季度通胀增速虽然阶段性放缓，但下行幅度或有限，大宗商品价格和工资仍将起到托底的作用。在基本面弱化和流动性收紧的双重压力下，美股估值或将进一步下行。中期内，美股配置价值下降，应以大盘股或防守板块（逆周期）为主，对应的行业有食品和饮料、家居和个人护理产品、医疗保健以及公用事业等。

---

1. 数据参考联博基金（AllianceBernstein）。

后疫情时代：科创、双碳与共同富裕

每个时代都有它的主题，这些主题往往是用产业来命名的，比如蒸汽时代、钢铁时代、互联网时代。这些核心产业的背后都是通用技术的创新。

从1917—2017年美国前十大企业的变迁来看，只有符合那个时代潮流的企业才能上榜。比如1917年的美国钢铁公司和美国标准石油公司等、1967年的IBM和通用汽车，以及2017年的苹果、微软等。每隔50年，榜单上的公司都会迭代一次，这从道琼斯工业平均指数的成分股中也可以看出——至今，初始成分股已经完全被更换。

从中我们可以看到两个趋势：第一，企业科技含量越来越高，2017年榜单的前五名全部是科技公司[1]；第二，成功企业的转型面临挑战，但这也是企业生存的关键。因为每个成功的企业都

---

1. 即FAAMG（美股市值最高的五大科技型公司的缩写），F代表脸书（Facebook），第一个A代表苹果（Apple），第二个A代表亚马逊（Amazon），M代表微软（Microsoft），G代表谷歌（Google或Alphabet）。

有严重的路径依赖，它们大多从事行业内部的创新，不太可能是颠覆式创新的引领者，因为这意味着自我革命。

如果把全球的公司放在一起比较，把榜单数量放大到全球企业"100强"或"500强"，那不仅能看到时代的主题，还能看到综合国力以及不同国家的核心竞争力。对于中国而言，几年以前我们能在榜单上看到很多地产公司，这几年它们已经逐步被科技类公司所替代，这种替代可能还会加速。因为时代的主题也就是"时代的alpha"变了。所以，寻找核心资产，就是寻找下一个10年、20年的核心技术。

科技创新有两条演化的路径。第一，可以做什么。因为所有的技术创新都是建立在已有知识、技术或创新的积累之上的，创新的本质是对已有创新的新的组合。2021年开始热起来的元宇宙概念，就是六大模块的技术组合。在这个方面，笔者认为数字经济是一个时代的主题。它能把一些最新的软科技包含进来，如AI、大数据、区块链等。第二，应该做什么。每一次科技革命都会解决一些问题（满足需求），但同时也会产生新的问题，这些所谓的"历史遗留问题"到了某个时刻不得不解决。"双碳"目标和能源转型就是一个典型案例。200多年来，能源内部在不断地更替，从第一次工业革命的煤炭到第四次工业革命的石油化工，以及现在的新能源。从煤炭到石油化工都是高碳排放的，对自然环境产生了较大的破坏，气候变暖只是其中一个表现。根据世界经济论坛（WEF）的数据，近年来环境灾害给人类带来的经济损失已经居于所有原因的首位，而且发生频率还在提高。所以，"碳达峰""碳中和"主题下的投资机会也是万亿元级别的。

技术进步是增进人类整体福利的，但它往往也会加剧贫富分化。20世纪70年代以来的信息技术革命与美国贫富分化的加剧密切相关。笔者认为，技术进步有加剧贫富分化的倾向，但这并不是必然结果。以美国为例，20世纪70年代以来的贫富分化，政府被垄断资本和精英阶层裹挟着而制定的政策即使不是最重要原因，也是最强劲的推进器。所以，关键不是创新，而是制度。

诺贝尔经济学奖得主米尔顿·弗里德曼说："只有一场危机能带来真正的变化。"新冠肺炎疫情就是这样一场危机。对于扭转贫富分化，历史上的瘟疫大暴发是通过消灭财富的野蛮的方式实现了均贫富。新冠肺炎疫情的机制可能有所不同，它反而加剧了贫富分化，但也将贫富分化带来的各种问题暴露了出来，以至于人们不得不改变这一状况。这主要是对美国而言的，表现为危机之后的K形复苏。宽松政策驱动下的美股的牛市也是贡献力量，因为股权资产的分布极不均衡，富人阶层拥有更多权益资产。

在《后疫情时代：大重构》这本书中，克劳斯·施瓦布和蒂埃里·马勒雷分别从宏观、微观（或中观）和人性层面阐述了新冠肺炎疫情的深远影响。原则上，新冠肺炎疫情起到了"放大镜"和"催化剂"两个方面的作用，放大各个方面的弊病，催化已有趋势加速形成。

宏观层面：经济脆弱性提升；全球化朝区域化演进；不公平的社会契约面临重构；国家主义和民族主义复兴；大政府归来，意味着税收增加，监管加强；地缘政治冲突的可能性增加；针对环境破坏问题需要有所行动；数字技术加速扩散。

微观或中观层面：科技、医疗和保健行业将受益于新冠肺炎疫情，而密切接触性服务业（如娱乐、餐饮、航空、旅行、公共交通等）将受损；由于高度依赖全球供应链，汽车、电子和工业机械等行业也将面临大重构；商业理念将从过去的单方面注重效率/成本，转向兼顾韧性、效率和成本；准时制供应链模式将面临挑战；另外，企业或将从股东价值最大化理念转向利益相关者理念和ESG（环境、社会和治理），致力于实现可持续的价值创造（环境、社会和治理可视作利益相关者理念的标尺）。只要稍加留意就能发现，无论是在宏观还是在微观／中观层面，上述论断都不缺少证据。

阿尔伯特·爱因斯坦说，历史能看多远，未来就能看多远。我们经常讲"降维"，历史拉得越长，未来就越近似一条直线。但历史是一幅拼图，应该从多个维度去观察，更重要的是全面把握不同面向之间的关联性。

世界经济论坛勾勒出了全球不同风险之间的网络关系，显然，传染病与极端天气、城市规划失败、食品危机都直接相关。笔者并不推崇传染病宿命论，但考虑其频发性、冲击力和影响的深远性，站在当下时点去思考新冠肺炎疫情之后的世界，必须重视瘟疫的历史意义，并在生物医学高度发达和快速发展的今天重新审视其当代意义。

今天的问题就是未来的主题，核心资产孕育于百年未有之大变局当中。笔者认为"百年"至少有两层含义：第一个是中美关系，这有"一百年"的跨度；第二是气候变化，这是人类共同的挑战，从英国工业革命算起，有"两百年"跨度。两个层面的问题的解决，都依赖创新，解决第二个层面的问题还要讲国际合作。

总而言之，技术创新层面关注以下三个方向。第一个是智能化数字技术，也就是通常说的ABCD——A代表人工智能（AI），B代表区块链（block chain），C代表云（cloud），D代表大数据（big data），这些是智能化的互联网技术。第二个是新能源。第三个是以基因生物工程为核心的，包括以信使核糖核酸（mRNA）技术为核心的生物工程技术。如果未来10年有一款能征服每个人的产品，那可能就是一台智能化、自动驾驶的新能源汽车。在中国十大关键应用领域里，笔者比较看好智慧的能源、智能的交通，以及智慧的医疗，这些都是经久不衰的关键赛道。

上述主要讲的是趋势性的时代逻辑，它们也将是长期投资机会。资本的嗅觉是灵敏的，资本市场早已开始定价，部分行业的估值水平已经偏高。能被市场称为"茅"的都是长期机会，没必要短期追高。

2022年是全球流动性退潮的一年，速度大概率会超出预期。在"以我为主"的观念指引下，国内宏观政策与国外方向相反，"外紧内松"，这主要是因为我们过去两年积攒了一些"余粮"。但海外环境还是会影响到国内的情绪和政策的节奏。在二级市场投资还是要注意控制好波动率，策略上以防守反击为主。风格上建议关注价值和质量因子，或者根据估值情况在价格和成长之间轮动。行业方面可关注中游制造业，下游的消费会好于2021年。

未来中国有大量的资产配置机会

在现在这个变化的时代,有很多东西是学校教不了的。时代变化之大,不管是投资人还是企业家,感触都非常深,我们对未来的发展究竟应该怎么看呢?有没有一条明确的赛道或者方向可以做参考?

我们不是时间的朋友,是"印钞机"的朋友

新冠肺炎疫情给全球带来了重大的变化。大家已经感受到了全球流动性的快速释放以及债务的堆积,这种拯救疫情的方式应当说是空前的。所以我们看到,全球债务规模正冲向历史巅峰,现在已经突破了二战时期债务的最高峰。如此高量级的债务只有一种方式可以偿还,也就是我们所熟悉的货币化。

我们老说全球放水、印钞,从2008年金融危机开始到2020年新冠肺炎疫情暴发之前,十多年间释放的流动性可能还赶不上2020年两个季度。劝投资者做长期投资时有一句话叫"要做时间

的朋友",那我们做了时间的朋友吗?如果你在一些关键资产上赚得盆满钵满,特别是在2020年的时候赚到的,那毫无疑问,你不是时间的朋友,而应当是"印钞机"的朋友。2008年以来的十多年,所有人类的流动性投放总量已经超过了这十多年之前的总和。

换句话说,我们一直都是"印钞机"的朋友。这样的印钞水平会带来史无前例的泡沫释放,如果过去这些年都没赚到钱,那以后赚钱是很困难的。同时,在应对新冠肺炎疫情的特殊情况下,全球已经开始了一场剧烈的分化。主流资产价格也就是股票加债券纷纷创下历史新高,在全球经济收缩的环境下,这是一种巨大的分化,也是实体经济和虚拟经济的分化。同时,全球经济也在富国和穷国之间、大企业跟小企业之间、富裕人群和相对比较贫困人群之间,存在超级分化。

面对这样一种剧烈的分化,特别是由此产生的贫富分化,没有任何一个人或者政府可以熟视无睹,那变化就慢慢开始了。我们的决策者势必要对这种剧烈的分化进行应对,因为贫富阶层的分化会形成更多的风险和冲突,共同富裕就由此而来。同时,针对行业集中化、线上化以及寡头化的趋势,目前推出了反垄断以及(限制)资本的无序扩张的相关政策,特别是在一些民生领域,比如住房、医疗、教育等方面,恐怕它们的市场化已经告一个段落了。所以一系列政策的调整由此展开。

中国经济的关键时间窗口

如此复杂的一个变化,我们称之为"百年未有之大变局",那这个变化的底层逻辑会不会有变化呢?我们要如何应对,怎么看这个变化?它又会带来什么关键的机遇?

在社会建设这个领域,最关键的就是共同富裕;在绿色发展中,非常重要的就是"双碳"目标。绿色发展还给出了一个非常关键的时刻表,即在2030年实现碳达峰。碳达峰是否意味着应该购买新能源汽车、搞光伏?这些都对。笔者认为,到达碳达峰的时刻,也很可能是我们城市化、工业化结束的那一天。因为几乎所有的发达经济体在城市化率超过80%、制造业占比超过35%的时候,就自然地碳达峰了。中国现在的城市化率是64%,大概率还会按照每年1百分点的速率推进,所以城市化率超过80%就是在2035年左右。假设我们的能源结构没有发生革命性的变化,那这可能是中国经济非凡增长的最为关键的时间窗口。

很多人说要"躺平",笔者认为未来10~15年千万别"躺平",因为"躺平"以后可能就再也起不来了。不是说经历这个过程以后就没有增长,而是会像大部分发达国家所经历的那样,之后的经济增速就在1%~2%的水平了。根据笔者的测算,在未来15年里,中国GDP走势大概是:2025年以前每年5%左右,再过5年在4%左右,最后的2035—2040年大概在3%。可以想见,1%~2%的增长跟过去40多年每年10%的增长所提供的机会完全不可同日而语。如果想要获得超凡的增长,就要付出更多的努力和代价,所以这是一个非常关键的时刻。在这段时间里,我们可以做的事情非常多，特别是科创和产业发展。

下一轮增长的关键红利

在工业化1.0的时候，动力的源头是煤，英国获得了第一次工业革命的成功。在工业化2.0的时候是内燃机和电动机，美国、德国及日本获得了成功。到工业化3.0的时候，美国一骑绝尘。

现在我们认为的关键动力源头主要有三类，分别是智能化数字技术、新能源以及生物工程技术。"十四五"规划里有10个关键的场景，包括智慧医疗、智能制造、智慧城市等。这样规划的逻辑是让新技术有用武之地，让使用这些新技术的企业成为行业的领导和领袖，在资本市场中产生巨大的估值示范效应。例如，中国的人工智能技术有50%的应用场景在安防、人脸识别，它的代表厂商就是来自杭州的海康威视；还有30%在互联网金融，即大家熟悉的蚂蚁金服等。80%的场景，就已经能够助力杭州成为领先的互联网以及移动互联网智能城市了。同时，向其他领域拓展并成为标杆的企业，也可以给其他企业带来相应的示范效应。政府当然已经认识到，那不是一两家企业和一两个应用场景的事情，所以要提前做新的基建，即算力、能源、传感、储能。

上述这些领域都会产生超级企业，也就是万亿元级市值的公司。举个例子，高效的储能智能电池未来有重大空间。当新的基础设施就位，新的产业园形成，新的基础设施已经为新能源车提供了完整的场景，那么在优秀示范企业源源不断地推动下，整个行业将被全面地改造。因此，未来有两个投资方向：第一是投资为企业端提供SaaS解决方案的行业巨头,第二是投资被新技术全面渗透、全面改良的行业巨头。这些企业都会成为超级企业。

附图

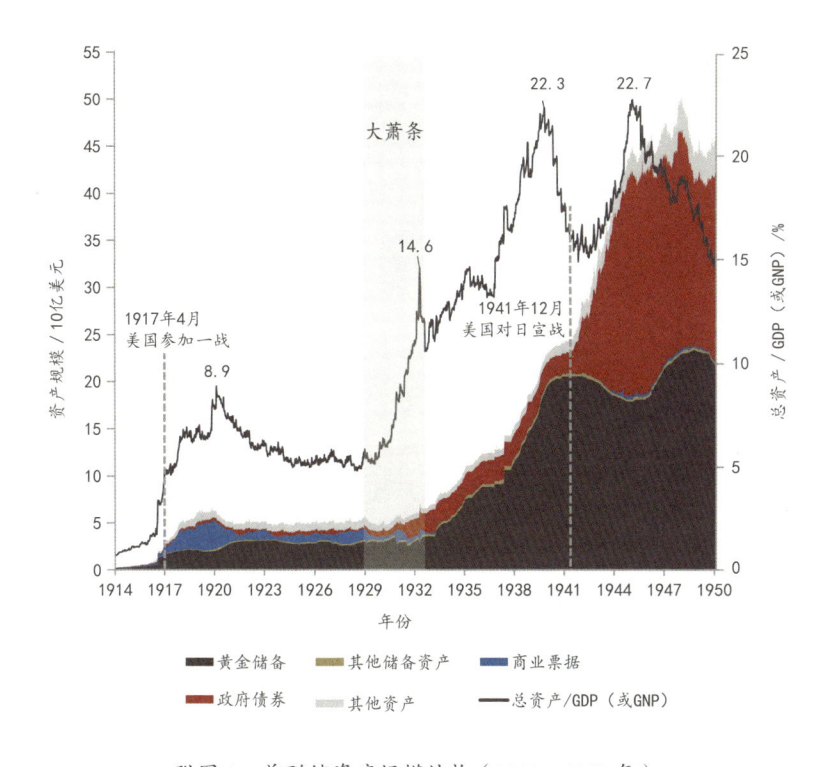

附图 1　美联储资产规模结构（1914—1950 年）

数据来源：纽约金融稳定中心（CFS），霍普金斯大学，美联储，Wind，东方证券。

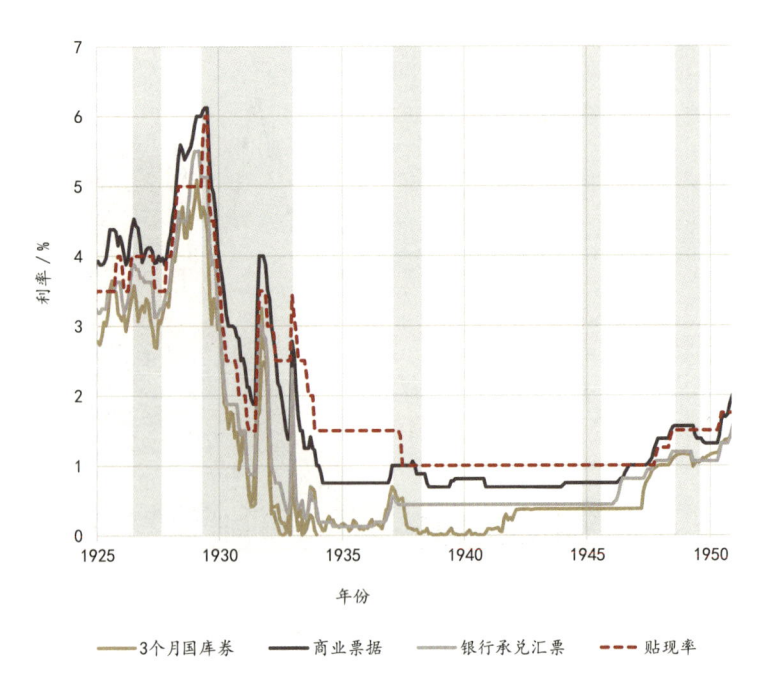

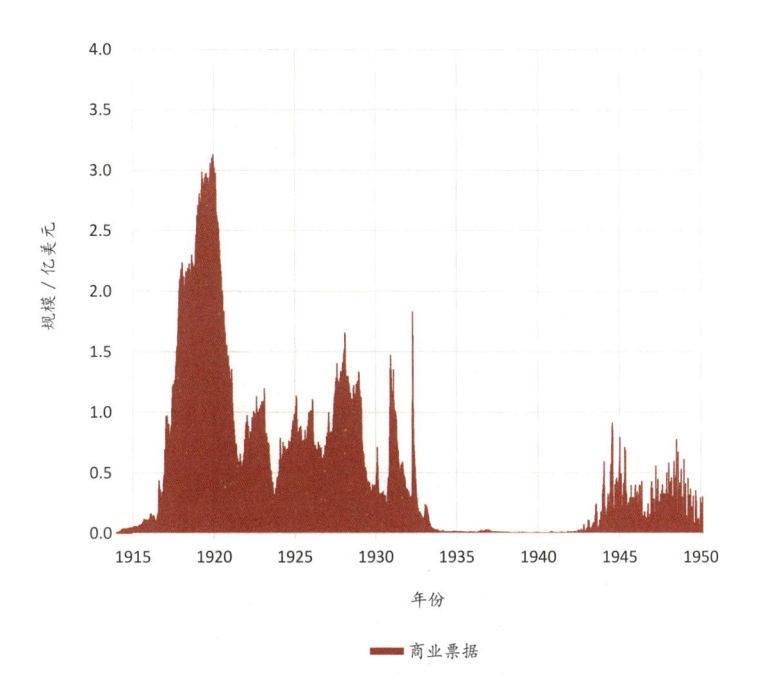

附图 2　美国贴现率、货币市场短期利率与商业票据

数据来源：CFS，霍普金斯大学，美联储，Wind，东方证券。

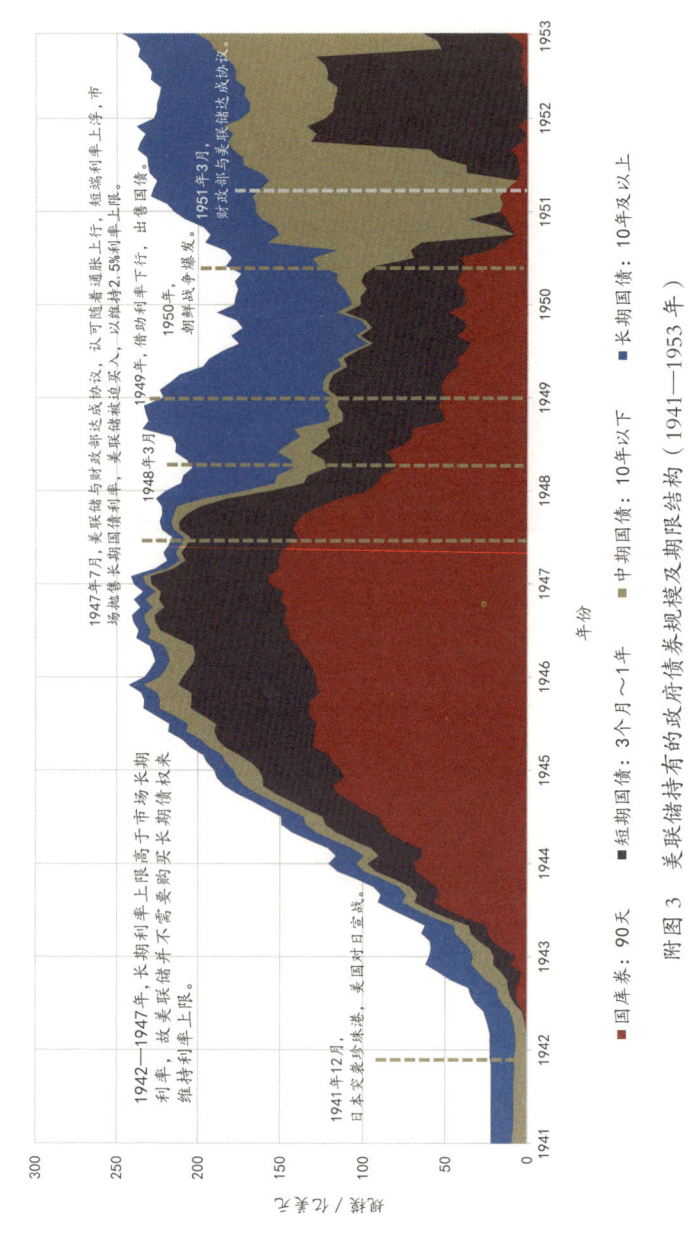

流动性经济学：货币幻觉、美元周期与资产配置

附图 3 美联储持有的政府债券规模及期限结构（1941—1953 年）

数据来源：美联储，东方证券。

250

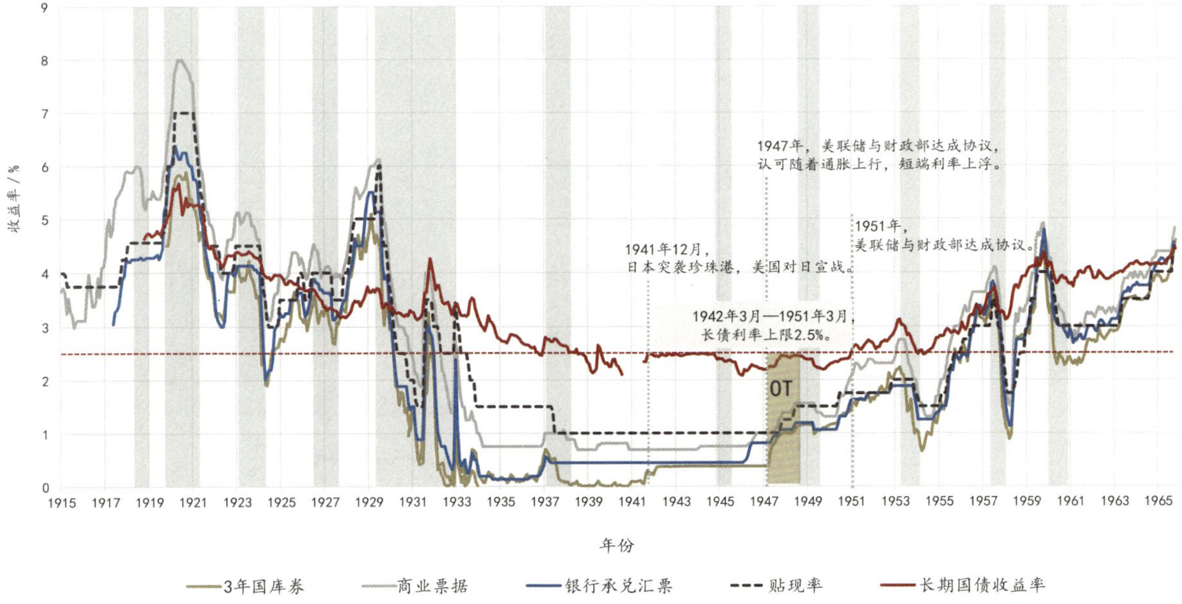

附图

附图 4 美国国债收益率（1919—1965 年）

数据来源：美联储，东方证券。

1. OT，期限结构转换或扭曲操作。

251

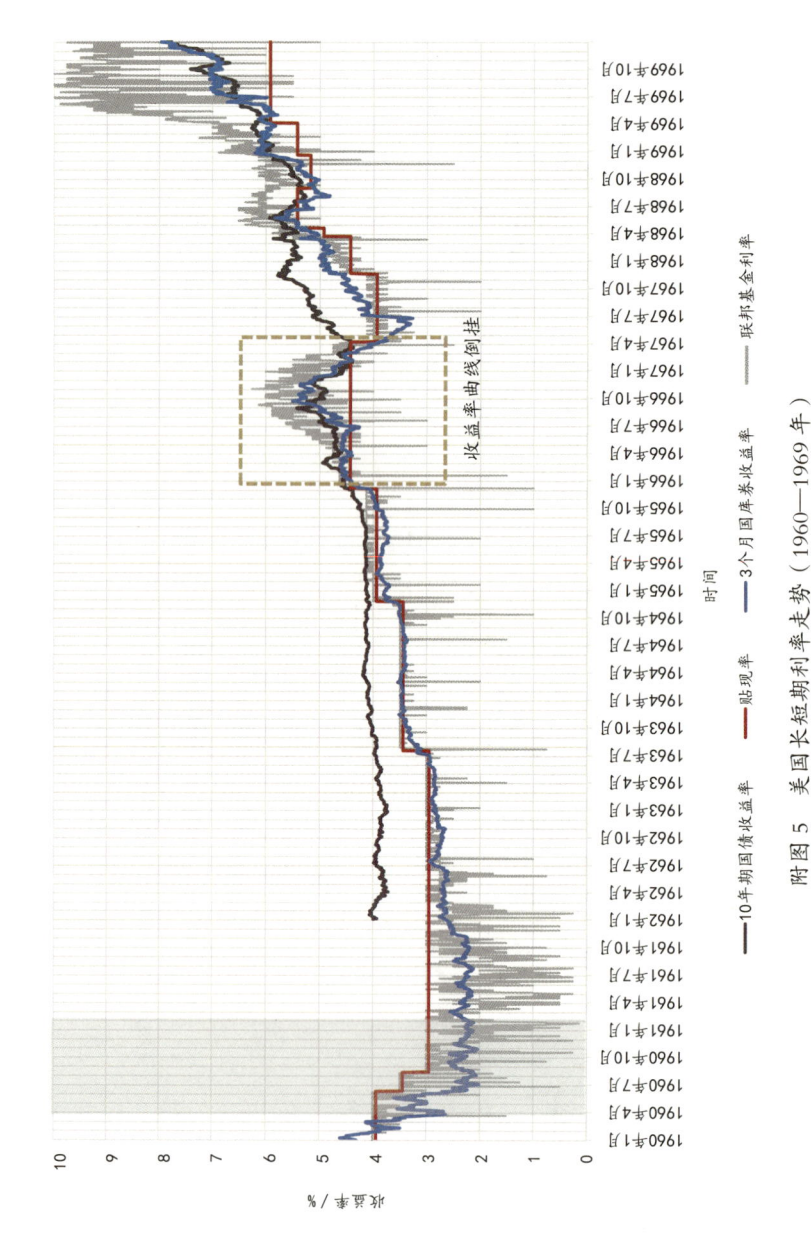

附图 5　美国长短期利率走势（1960—1969 年）

数据来源：美联储，东方证券。

附图

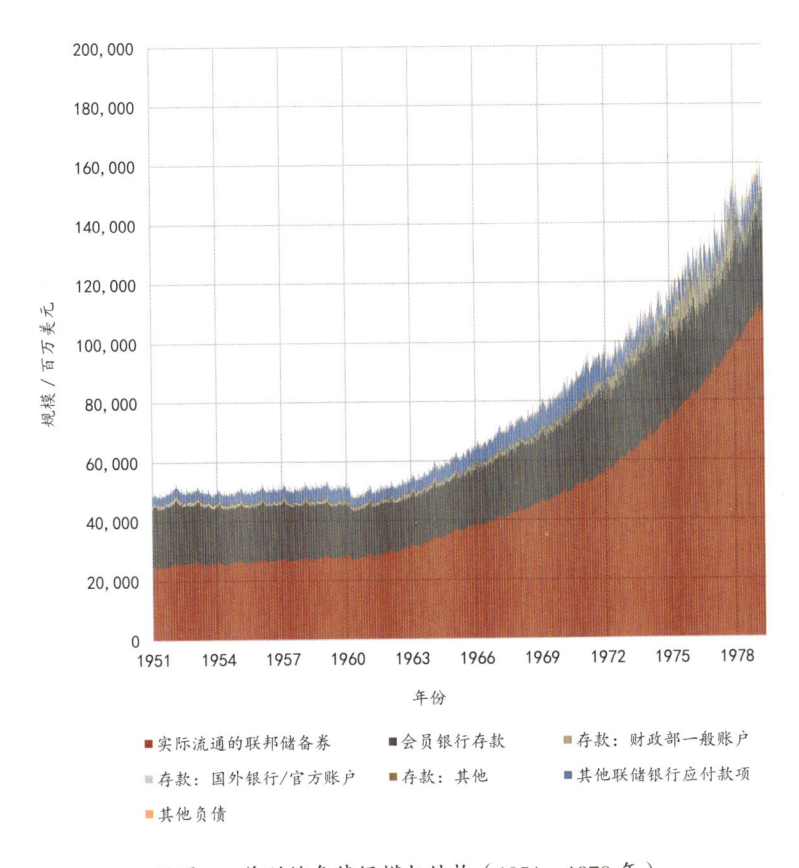

附图 6　美联储负债规模与结构（1951—1978 年）

数据来源：CFS，霍普金斯大学，美联储，Wind，东方证券。

253

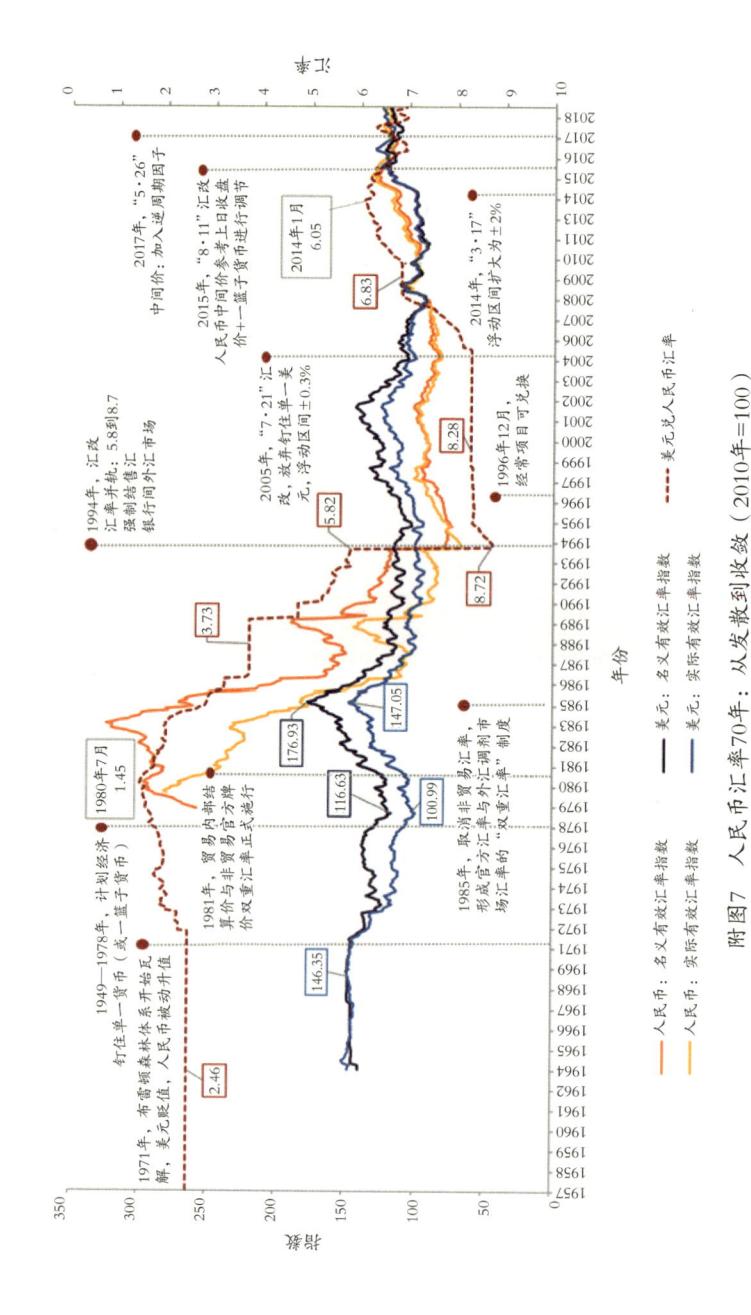

附图7 人民币汇率70年：从发散到收敛（2010年=100）

数据来源：CEIC, BIS, 东方证券。

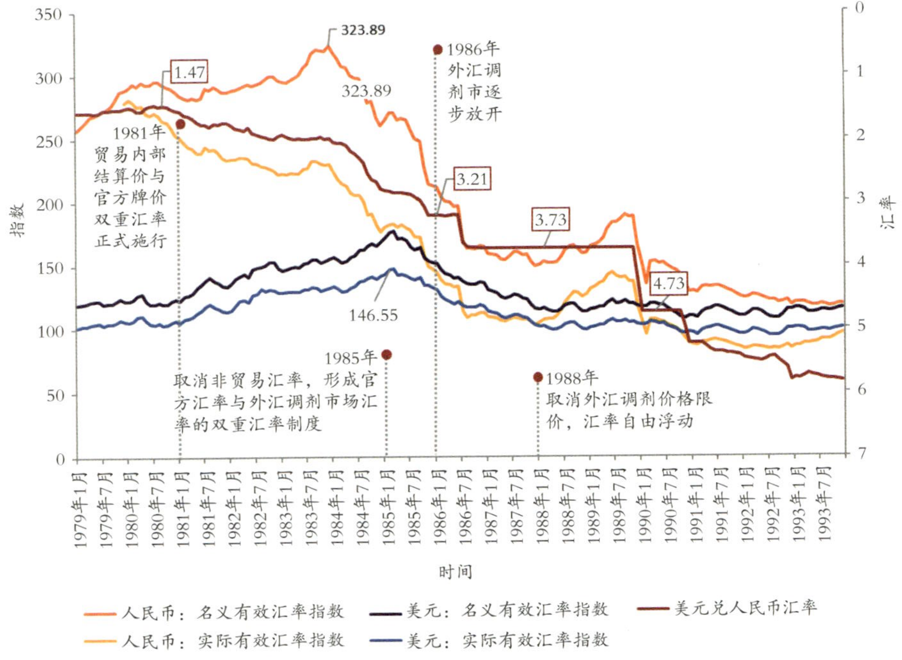

附图 8 双轨制时期的人民币汇率走势（1979—1993 年）

数据来源：CEIC，BIS，东方证券。

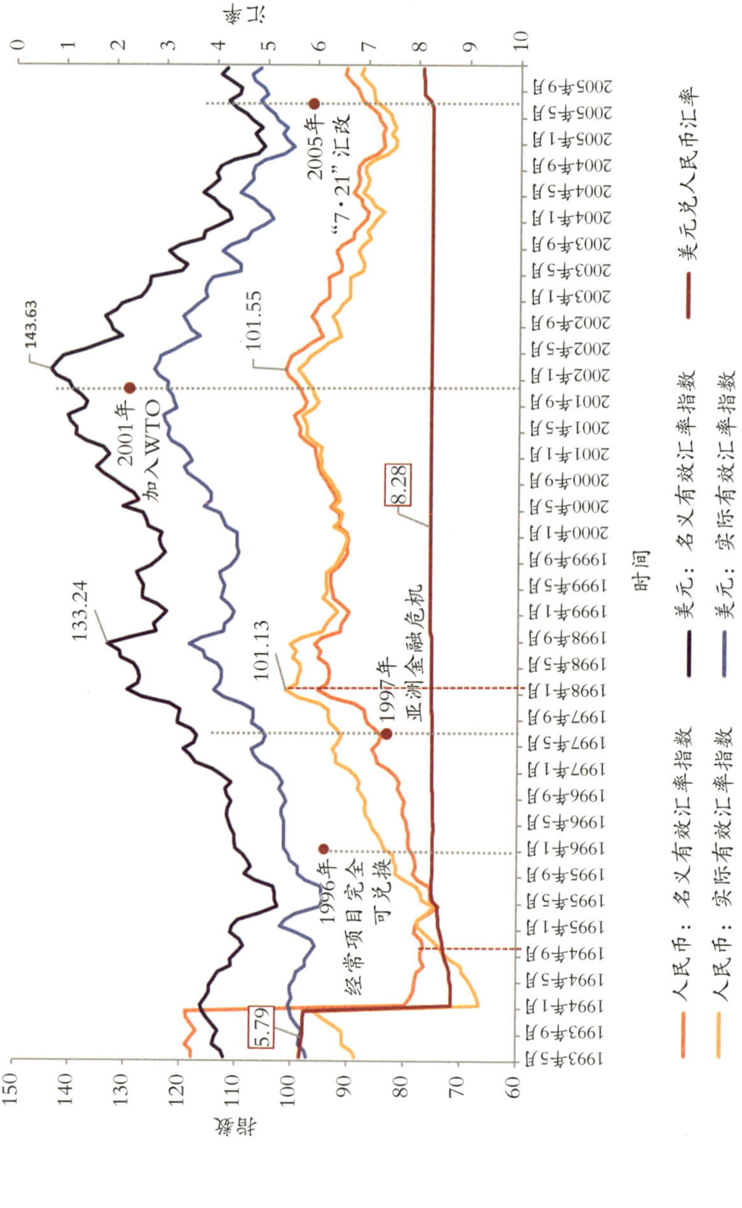
指数
汇率
时间
143.63
133.24
101.55
101.13
5.79
8.28
1996年经常项目完全可兑换
1997年亚洲金融危机
2001年加入WTO
2005年"7·21"汇改
人民币：名义有效汇率指数
美元：名义有效汇率指数
美元兑人民币汇率
人民币：实际有效汇率指数
美元：实际有效汇率指数

附图 9　开轨后的人民币汇率走势（1994—2005 年）与中国居民消费价格指数的对比

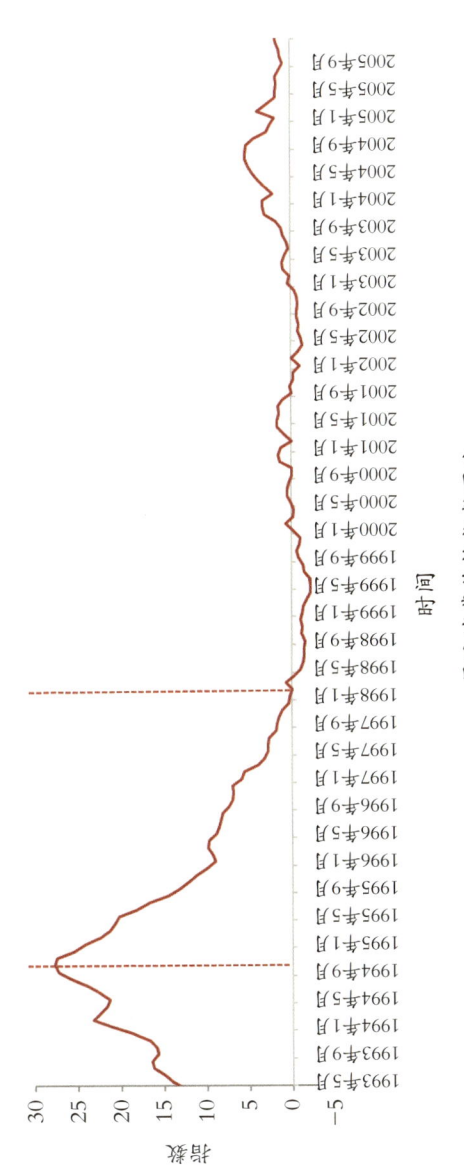

数据来源：CEIC, BIS, 东方证券。

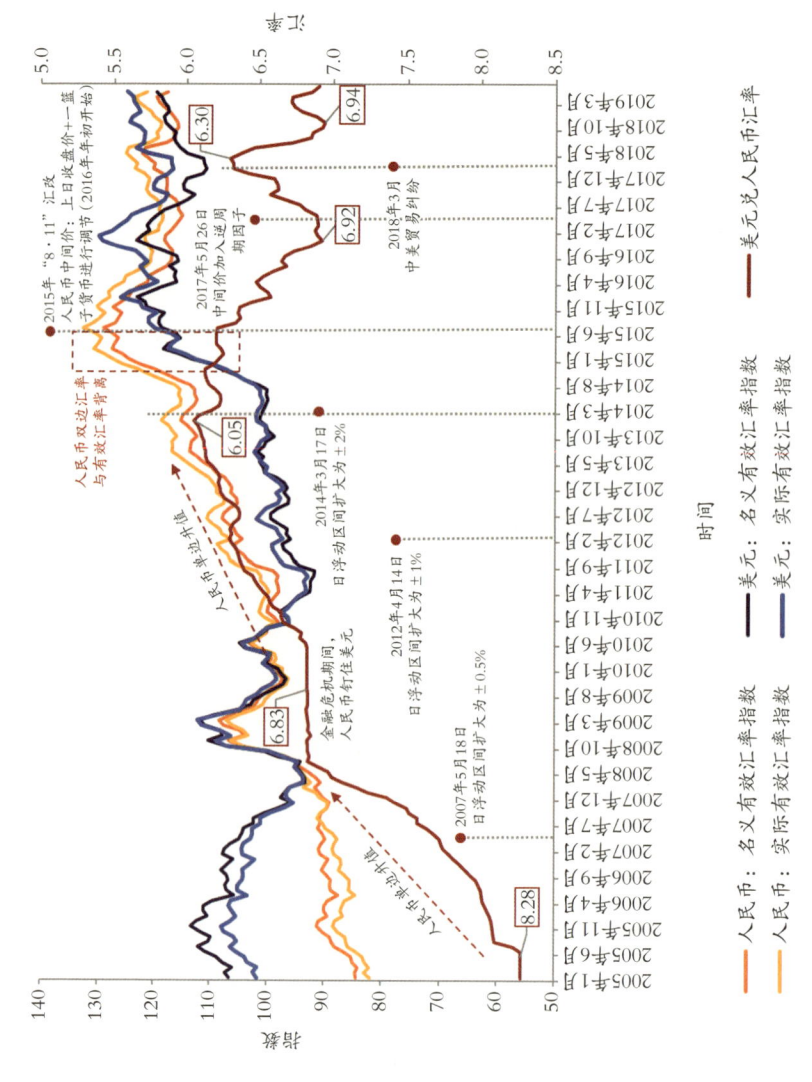

附图 10 浮动汇率制改革后的人民币汇率走势

数据来源：CEIC，BIS，东方证券。

附图

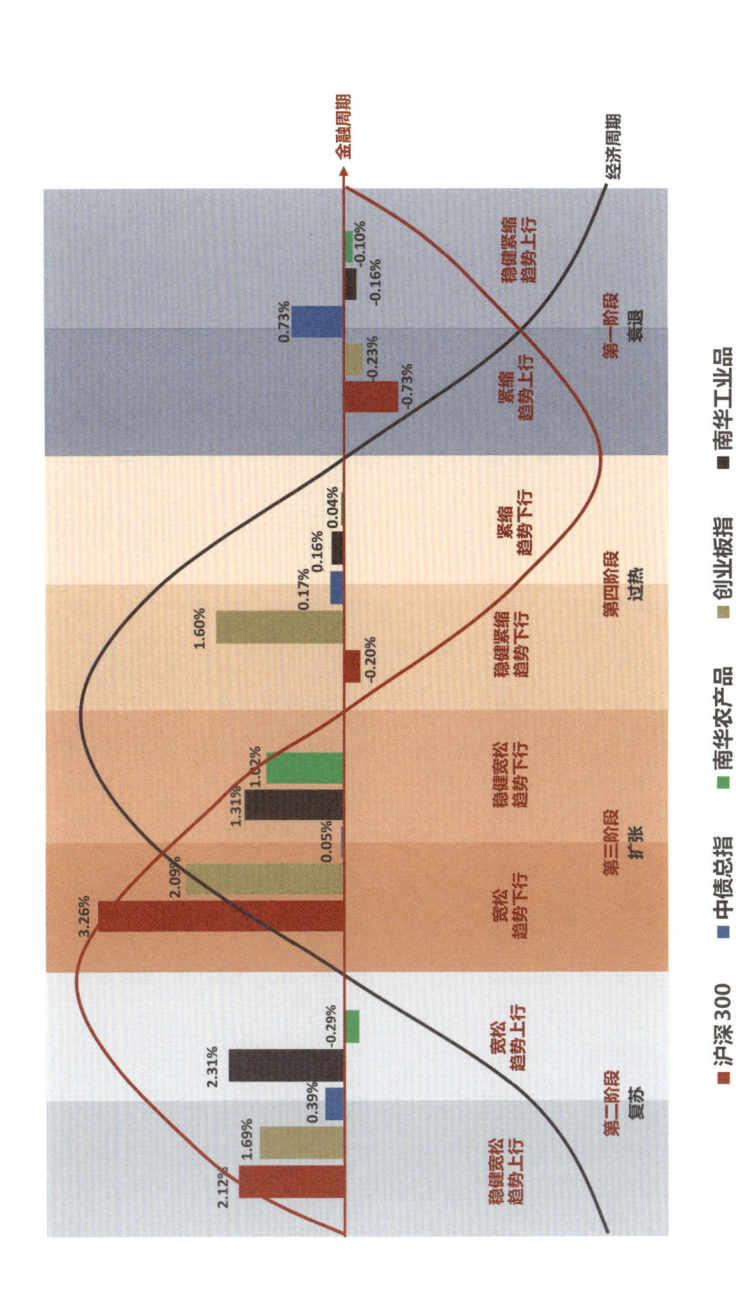

附图 11 资金全面打分历史回测结果——大类资产